BEI GRIN MACHT SICH I
WISSEN BEZAHLT

- Wir veröffentlichen Ihre Hausarbeit,
  Bachelor- und Masterarbeit

- Ihr eigenes eBook und Buch -
  weltweit in allen wichtigen Shops

- Verdienen Sie an jedem Verkauf

Jetzt bei www.GRIN.com hochladen und kostenlos publizieren

Bibliografische Information der Deutschen Nationalbibliothek:

Die Deutsche Bibliothek verzeichnet diese Publikation in der Deutschen National-
bibliografie; detaillierte bibliografische Daten sind im Internet über http://dnb.d-
nb.de/ abrufbar.

Impressum:

Copyright © 2014 GRIN Verlag, Open Publishing GmbH
Druck und Bindung: Books on Demand GmbH, Norderstedt Germany
ISBN: 9783668421455

Dieses Buch bei GRIN:

http://www.grin.com/de/e-book/356065/der-deutsche-regionalkrimi-der-roman-
vogelwild-von-richard-auer

Rebecca Myga

Der deutsche Regionalkrimi. Der Roman "Vogelwild" von Richard Auer

GRIN Verlag

GRIN - Your knowledge has value

Der GRIN Verlag publiziert seit 1998 wissenschaftliche Arbeiten von Studenten, Hochschullehrern und anderen Akademikern als eBook und gedrucktes Buch. Die Verlagswebsite www.grin.com ist die ideale Plattform zur Veröffentlichung von Hausarbeiten, Abschlussarbeiten, wissenschaftlichen Aufsätzen, Dissertationen und Fachbüchern.

Besuchen Sie uns im Internet:

http://www.grin.com/

http://www.facebook.com/grincom

http://www.twitter.com/grin_com

Universität Siegen

Fakultät I: Philosophische Fakultät

Der deutsche Regionalkrimi am Beispiel des Romans Vogelwild von Richard Auer

im Bachelor-Studiengang Literatur Kultur Medien

Bachelorarbeit vorgelegt von:

Rebecca Myga

Inhaltsverzeichnis

1. Einleitung

Kriminalromane gehören schon seit vielen Jahrzehnten zu der Lieblingsliteratur der Deutschen. In den vergangenen Jahren findet in Literatur und Medien eine Verschiebung der Tatorte in immer kleinere Städte, ja gar Dörfer statt. Die Zuschauer- und Leserzahlen sprechen für einen Erfolg dieser Praxis. Mehrere Buchverlage und Autoren haben sich bereits auf das Schreiben und Veröffentlichen von Regionalkrimis spezialisiert. Häufig fallen die Namen Emons Verlag und Grafit Verlag.

Aus Krimis werden Regionalkrimis. Doch was macht einen Regionalkrimi so besonders? Um diese Frage zu klären, ist es essentiell, zunächst einzugrenzen, was ein Kriminalroman ist und inwiefern sich ein Regionalkrimi im Speziellen davon abhebt.

Um überprüfen zu können, wie die Spezifizierung zum Regionalkrimi im Roman umgesetzt wird, gilt es ein Werk als Beispiel herauszugreifen. Etliche Autoren haben sich bereits einen Namen gemacht, wie beispielsweise Jacques Berndorf mit seinen Eifelkrimis. Manche Regionen wie zum Beispiel die Insel Sylt sind mit fiktiven Kommissaren aus Kriminalromanen buchstäblich übersät.

Meine Entscheidung fiel auf das Erstlingswerk von Richard Auer, „Vogelwild", welches er 2009 veröffentlichte; ein Regionalkrimi, der im beschaulichen kleinen bayrischen Barock- und Bischofsstädtchen Eichstätt spielt. Mittlerweile ist der vierte Band in dieser Reihe erschienen.

Diese Arbeit soll Auers Erstlingswerk Vogelwild vorstellen und klare Beispiele dafür liefern, warum es sich hierbei um einen Regionalkrimi handelt und wie er die Spezifizierungen, die einen Regionalkrimi gegenüber einem einfachen Krimi auszeichnen, umsetzt. Eine genaue Definition eines Regionalkrimis gibt es nicht. Nur wenig Literatur lässt sich finden und so stützt sich diese Arbeit in erster Linie auf Internetquellen.

Im Anschluss an den bereits erwähnten ersten Schritt, dem Eingrenzen der Begriffe Kriminalroman und Regionalkrimi, sowie einer kurzen Darstellung der Entstehungsgeschichte und Problematiken desselben, werde ich mich im nächsten Abschnitt gänzlich dem Roman Vogelwild widmen.

Nachdem der Autor vorgestellt und die Frage geklärt wurde, was „Vogelwild" im Allgemeinen als Regionalkrimi kennzeichnet, erfolgt eine Erläuterung, wie der Roman konzipiert und aufgebaut ist.

Daraufhin wird kapitelweise die Handlung des Romans wiedergegeben. Dann wird auf die Personen im Roman, ihre Relevanz, Glaubwürdigkeit und Regionsspezifizierung eingegangen.
Das Fazit wird diese Arbeit abrunden.

2. Krimis und Regionalkrimis

Der Kriminalroman, kurz Krimi, erfreut sich seit Jahrzehnten immer größerer Beliebtheit. In Deutschland wird seit 1960 in Umfragen von Tageszeitungen die Verbreitung von Kriminalliteratur erfasst. Erkennbar ist ein stetiger Anstieg. Die Gesamtzahl allein der deutschsprachigen Krimis betrug bereits Anfang der sechziger Jahre etwa 15 Millionen Exemplare (vgl. Nusser, 2009, S. 8). Auch heute ist der Kriminalroman das beliebteste Genre in der Literatur und in den Bestseller-Listen stets auf den oberen Rängen vertreten.

Während im angelsächsischen und amerikanischen Raum der Krimi seit jeher geschätzt wird, gefällt er deutschen Literaturkritikern weniger. Sie rechnen die Kriminalliteratur auch heute noch eher zur Trivialliteratur und sie stellt somit für sie minderwertige Literatur dar (vgl. Nusser, 2009, S. 9).
Die verbreitetsten Negativurteile sind der Ausführung Peter Nusser (vgl. Nusser 2009, S. 9f) folgend: *Die Form des Kriminalromans ist determiniert*, was bedeuten soll, das ihr Aufbau und Inhalt wenig variabel ist und stets festen Mustern folgt.
Die Gestaltung der Realität erfolgt in zwei Extremen. Entweder finden sich unrealistische Charaktere in einem real wirkendem Umfeld oder realistische Charaktere in unrealistischem Umfeld und auch im Allgemeinen sei die komplette Handlung der Krimis oft fern der Realität.
Der Kriminalroman ist Massenliteratur, die „Kollektivbedürfnisse" einer breiten Leserschicht befriedigt. Zudem sei der Krimi gefährlich, da die ausgeübten Taten die Leser zur Nachahmung reizen oder abstumpfen.

Um uns dem eigentlichen Thema, dem ausgewählten Regionalkrimi zu nähern, erscheint ein Vorgehen des Betrachtens vom großen Ganzen ausgehend und dann ins Detail weiterführend, angebracht zu sein. Im Groben geht es um das Genre Krimi, differenzierter gesagt um den Regionalkrimi und en detail um den Regionalkrimi Vogelwild von Richard Auer.
Deshalb werden im folgenden Abschnitt dieser Arbeit zunächst das literarische Genre „Krimi" beziehungsweise „Kriminalroman" aufgeschlüsselt und dessen Charakteristika aufgezeigt. Im Anschluss wird eine genauere Erklärung des Subgenres „Regionalkrimi" folgen.

2.1 Was ist ein Krimi?

Eine genaue Einordnung des Kriminalromans ist nicht einfach. Die Auffassungen zur Kategorisierung und Untergliederung von Kriminalromanen, und damit einhergehend der Aufbau des Krimis und seiner typischen Elemente, verändern und unterscheiden sich teilweise deutlich.

Während Peter Nusser zunächst einmal die Verbrechensliteratur und die Kriminalliteratur unterscheidet und dann die Kriminalromane noch einmal ausdifferenziert in Detektivromane und Thriller, unterscheidet Richard Alewyn den Kriminalroman und den Detektivroman.

Es gilt natürlich zu bedenken, dass beide Meinungen in völlig unterschiedlichen Jahrzehnten, unter anderen Bedingungen und Einflüssen entstanden sind, doch zeigt sich hier eindrucksvoll die Schwierigkeit, einen Krimi genau als solchen zu bestimmen.

Was ist ein Kriminalroman? Reicht ein Mord in der Handlung aus, um eine Erzählung zu einem Krimi werden zu lassen? Die namentlich Ableitung vom lateinischen Wort crimen, welches Verbrechen bedeutet, ließe darauf schließen.

An dieser Stelle stoßen wir bereits auf das erste Problem, da Nusser nämlich die Verbrechensliteratur und die Kriminalliteratur strikt trennt. Die Verbrechensliteratur *„forscht nach dem Ursprung, der Wirkung und dem Sinn des Verbrechens und damit nach der Tragik der menschlichen Existenz"* (Nusser, 2009, S. 1). Die Kriminalliteratur konzentriert sich weniger auf das Verbrechen an sich und die daraus resultierende Strafe, sondern beschäftigt sich vielmehr mit der Aufklärung des Falles, der Suche nach dem Täter und wie der Verbrecher überführt wird. Die Frage, wer das Verbrechen aufklärt, führt schließlich zu weiteren Untergliederungen der Kriminalliteratur.

Die meisten Literaturwissenschaftler unterteilen diese laut Nusser in die Untergattungen Detektivroman und Thriller.

Zu diesen erwähnten Wissenschaftlern gehört nicht Richard Alewyn, der den Detektivroman keinesfalls dem Kriminalroman untergeordnet sieht, sondern ihn als eigene überlegene Gattung ansieht. Der Unterschied liegt seines Erachtens in der Form der Erzählung. Der Kriminalroman erzähle die Geschichte des Verbrechens in chronologischer Folge, während in einem Detektivroman die Geschichte der Aufklärung des Verbrechens regressiv erzählt wird (vgl. Alewyn, http://www.zeit.de/1968/47/anatomie-des-detektivromans/seite-2).

4

In der Erläuterung des Detektivromans finden wir eine Gemeinsamkeit zwischen Nusser und Alewyn. Auch Nusser charakterisiert den Detektivroman als rückwärts blickende Erzählung, die sich auf die Aufklärung des Falles spezialisiert hat. Dem gegenüber steht bei ihm der Thriller, der die Handlung chronologisch abarbeitet und weniger von der Aufklärung des Falles lebt als von der aktionsgeladenen Verfolgung und Ergreifung des Täters, der schon früh in der Geschichte identifiziert ist.

Den Detektivroman und den Thriller in der Reinform vorzufinden, ist nahezu unmöglich. Beide Erzählformen vermischen sich zunehmend. So kann sich beispielsweise in einem als Thriller deklarierten Roman, der von Beginn an verfolgte mutmaßliche Täter während der Handlung oder auch erst ganz zum Ende der Erzählung als unschuldig herausstellen und der wahre Täter erst am Schluss entdeckt werden. Dieses Beispiel lässt sich insoweit noch ausdifferenzieren, indem man unterscheidet, ob der Leser und die Ermittelnden beide im Unklaren sind oder ob der Leser von Beginn an weiß, dass die Ermittler den falschen Täter verdächtigen. Zudem kann der zu Unrecht Verfolgte selbst zum Ermittelnden werden und den wahren Täter überführen.

Untergattungen von Detektivroman und Thriller können sein: der Whodunit-Krimi, der den Schwerpunkt auf die Frage legt, wer der Täter ist und dabei mit dem Detektivroman in Reinform vergleichbar ist oder der Hard-boiled-Krimi, der gefährliche Situationen schildert, Action und Zweikampfsituationen thematisiert sowie auch der Regionalkrimi. Auf http://www.litipedia.de/artikel/kriminalroman.htm werden einige der Subgenres der Krimis kurz und prägnant aufgeführt und erklärt.

Die klassischen inhaltlichen Elemente eines Detektivromans sind laut Nusser: *„Das rätselhafte Verbrechen"*, *„die Fahndung nach dem Verbrecher, Rekonstruktion des Tathergangs, die Klärung der Motive der Tat"* und *„die Lösung des Falles und die Überführung des Täters"* (Nusser, 2009, S. 23). Die Gewichtung der Fragen „Who?", „How?" und „Why?" können dabei unterschiedlich stark vertreten sein. Durch die unterschiedlichen Ausprägungen entstehen letztlich die Subgattungen.

Der Mord als zentrales Ereignis fungiert hier als *„Anlass für die Tätigkeit der Detektion"* (Nusser, 2009, S. 24), besitzt aber als Verbrechen an sich wenig Bedeutung.

Die Fahndung erfolgt anhand von Beobachtungen zum Beispiel am Tatort, aber auch der Personen oder mit Hilfe von Verhören und Beratungen. Dabei können immer wieder falsche Spuren auftauchen, der Ermittler/ die Ermittler erkennen, dass sie in die falsche Richtung ermittelt haben und sie müssen deshalb ihre Vorgehensweise ändern. Durch die Fahndung kann der Fall schließlich gelöst werden und mündet in die Aufklärung. In diesem letzten Abschnitt, in dem der Täter schließlich überführt wird und in dem er die Tat gesteht oder anhand von Indizien seine Identität aufgedeckt wird, wird zum Teil noch einmal die komplette Ermittlungsarbeit nachvollzogen und der geschehene Mord rekonstruiert (vgl. Nusser, 2009, S. 25ff).

Die Personen im Detektivroman lassen sich im Groben einteilen in eine kleine Gruppe von Ermittelnden und die größere Gruppe der Nicht-Ermittelnden. Der ersten Gruppe gehört die Hauptperson des Ermittlers an, der zweiten Gruppe das Opfer und der Täter. Die Gruppe der Nicht-Ermittelnden ist begrenzt und darf nicht wahllos durch immer neu hinzustoßende Personen ergänzt werden. Denkbar ist jedoch, dass eine Person, die aus diesem festen Kreis an möglichen Beteiligten bzw. Tätern stammt, auf eine andere noch nicht bekannte Person verweist.

Aus der Gruppe der Ermittelnden sticht die Person des Detektivs heraus, der unmittelbar mit dem Fall der Aufklärung befasst ist. Es kann jedoch auch vorkommen, dass eine ganze Gruppe von Ermittlern im Mittelpunkt steht. Oft findet sich auch eine Art Watson-Figur, die wie bei Arthur Conan-Doyles Geschichten um Sherlock Holmes dem Ermittelnden zur Seite steht, sein Partner ist, oder lediglich als Berater fungiert.

Die Person des Opfers ist zwar zentral für die Geschichte, doch nicht mehr selbst handelnd, sondern lediglich durch Erzählungen anderer Personen präsent.
Bedeutend ist auch die Figur des Täters, den wir aber bis zum Ende der Handlung nicht kennen, insofern können alle auftauchenden Nicht-Ermittelnden wichtig sein, weil einer von ihnen letztlich der Täter ist. Dieses Nichtwissen, wer der Täter ist, wie er gefasst wird und die eigenen Überlegungen dazu, machen die Spannung des Detektivromans aus.

Der Begriff des Detektivromans wird in dieser Arbeit in der weiteren Ausführung dem des Krimis gleichgesetzt und die nähere Erläuterung des Thrillers wird entfallen. Der Grund für diese Entscheidungen ist, dass der in dieser Arbeit betrachtete Regionalkrimi Vogelwild klar der Gattung des Detektivromans zugeordnet werden kann und somit keine weitere Beachtung des Thrillers von Nöten ist.

2.2 Was ist ein Regionalkrimi?

In den 1930er Jahren beginnen einige Autoren erstmals mit einer Umgestaltung der Krimis (vgl. Nusser, 2009, S. 98). Vor allem ab dem Ende der Achtziger und Anfang der Neunziger Jahre werden Anstrengungen unternommen, die Krimis realistischer zu gestalten, zudem wurde teilweise Gesellschafts- oder Sozialkritik in die Handlung eingearbeitet. Neue Krimisubgattungen entstanden wie jene, in denen Detektive zugleich auch Pathologen sind sowie Parodien auf Kriminalromane oder Krimis, die mit schwarzem Humor gespickt sind, der historische Krimi, der Wissenschaftskrimi, die Frauenkrimis oder der Milieukrimi.

Der Krimi steht heute an zweiter Stelle der beliebtesten Literaturfächer. Ein nur geringer Teil davon besteht aus deutschsprachigen Romanen, von denen dann jedoch wiederum der Regionalkrimi den Großteil ausmacht (vgl. Klinkner, http://www.media-mania.de/index.php?action=artikel&id=51). Doch was braucht ein Krimi, um zum Regionalkrimi zu werden? Nicht jeder Krimi, der in einer bestimmten Region spielt, ist zugleich auch ein Regionalkrimi. Die Region muss präsentiert, ihre Besonderheiten aufgezeigt, ihre positiven wie auch rauen Seiten müssen beleuchtet werden. Zudem werden oft echte Straßennamen und Dörfer im Umkreis erwähnt, Probleme der Region zum Thema gemacht und nicht selten werden dazu noch in den Dialogen regionale Dialekte eingebaut.

Was für den Großteil der Leser den Reiz der Regionalkrimis auszumachen scheint, ist der Wiedererkennungswert. Sie erkennen ihre Heimat, können sich die Handlungsorte besser vorstellen, sich in die Probleme der Region hineindenken und entdecken in den handelnden Personen Eigenheiten der Menschen der Region. Zudem können auch Touristen oder Reisefreudige Spaß an den Regionalkrimis finden, da sie so neue Gebiete kennenlernen können oder ihre Urlaubsregion wiedererkennen (vgl. Klinkner, http://www.media-mania.de/index.php?action=artikel&id=51).

2.2.1 Entwicklung vom deutschen Krimi zum Regionalkrimi

Bis hin zu den ersten Regionalkrimis war es ein weiter Weg. Zunächst mussten sich deutsche Krimis etablieren. Laut dem Krimiforscher Manfred Sarrazin sind *„Die beiden wesentlichen Voraussetzungen für das Funktionieren von Kriminalromanen (...) ein den*

Grundsätzen des Rechtsstaats verpflichteter und planvoll vorgehender Polizei – und Justizapparat" (Sarrazin, http://manfredsarrazin.wordpress.com/category/don-manfredo/uber-krimis/).

Die Anfänge der Kriminalliteratur in Deutschland sind somit im 19. Jahrhundert zu suchen, als die ersten großen Städte über eine eigene Kriminalpolizei verfügten (vgl. Brasse, http://www.planet-wissen.de/kultur_medien/literatur/krimis/; weitere Informationen zur Geschichte des Kriminalromans: Nusser, 2009, S. 69ff). Die ersten Vorläufer des modernen deutschen Kriminalromans finden wir jedoch schon früher mit Kriminalgeschichten wie beispielsweise E.T.A. Hoffmanns „Das Fräulein von Scuderi" von 1819.

Edgar Allan Poes 1841 erschienene Erzählung „Der Doppelmord in der Rue Morgue" gilt als erster Kriminalroman, wobei durchaus auch Adolph Müllners 1828 veröffentlichte Erzählung „Der Kaliber" bereits als solcher gesehen werden kann. Von 1850 bis 1880 erlebt der deutschsprachige Kriminalroman eine erste Blütezeit, die zum Ende des 19. Jahrhunderts ihr Ende findet, als durch den Erfolg von Arthur Conan Doyles Geschichten um Sherlock Holmes eine erste Globalisierung des Genres einsetzt (vgl. Rudolph, http://www.krimi-couch.de/krimis/dprs-krimilabor-eine-klitzekleine-geschichte-der-deutschen-kriminalliteratur.html). Nach dem Ersten Weltkrieg, in den 1920er und 1930er Jahren prägen sich im Kriminalroman Gesetzmäßigkeiten aus (siehe Kapitel 2.1), die bis heute Bestand haben und er erreicht eine Auflagenhöhe, die zur Etablierung jener Regeln beitragen (vgl. Nusser, 2009, S. 96f).

In der Zeit des Dritten Reiches wurden weiterhin Kriminalromane produziert, die bis zum Ende der 1930er Jahre zum großen Teil ohne staatliche Zensur auskamen. Ende der 1930er Jahre jedoch wurden Anstrengungen von staatlicher Seite unternommen, diese propagandistisch zu nutzen, ohne die Krimis jedoch zu Ideologisierungszwecken zu gebrauchen (siehe dazu: Würmann, http://www.literaturkritik.de/public/rezension.-php?rez_id=8525&ausgabe=200509 und Rudolph, http://www.krimi-couch.de/krimis/dprs-krimilabor-eine-klitzekleine-geschichte-der-deutschen-kriminalliteratur.html).

Bis in die 1960er Jahre gilt die angelsächsische Kriminalliteratur als das große Beispiel für jeden deutschen Autor. Viele Autoren schreiben unter einem englisch klingenden

Pseudonym und verlegen ihre Handlungsorte nach London oder New York (Mayer-Zach, http://suite101.de/article/quo-vadis-kriminalliteratur-a43524#.U67FS3Z-4po).

Dann jedoch wird versucht, die starren Formen des Krimis zu lösen und diese zu erneuern, indem man sie mit Gesellschaftskritik oder frauenrechtlichen Themen anreichert (Nusser, 2009, S.136).

Bis in der 1970er Jahre ist der Krimi von Seiten der Literaturwissenschaftler harter Kritik ausgesetzt, was dem Erfolg der Romane jedoch nicht schadete (Brasse, http://www.planet-wissen.de/kultur_medien/literatur/krimis/).

In der Folge entwickelte der deutsche Kriminalroman neue Genres und Subgenres. Die ersten Regionalkrimis wurden in den achtziger Jahren in Nordrhein-Westfalen veröffentlicht, genauer gesagt im Rheinland (Dortmund) und im Ruhrgebiet (Köln). Die beiden ersten Verlage waren der Grafit und der Emons Verlag. Nach den ersten Revier-, Köln- und Eifelkrimis folgten schnell auch Krimis aus anderen Regionen Deutschlands. Heute finden wir aus fast allen Gegenden Deutschlands Regionalkrimis in den Regalen der Buchhandlungen.

Immer neue Autoren und Serien kommen auf den Markt (vgl. Klinkner, http://www.media-mania.de/index.phpßaction=artikel&id=51&title=Der_deutsche_Regionalkrimi).

Zu den neuesten Regionalkrimiserien gehört jene um den Kommissar Mike Morgenstern aus Eichstätt. Im Emons Verlag erschien in dieser Reihe im Oktober 2013 der vierte Band. Der erste Roman dieser Serie, Vogelwild, soll in Folge dieser Arbeit analysiert werden.

Den heutigen Stand der Regionalkrimis zu bewerten, ist eine komplexe Angelegenheit. Nahezu jede Region Deutschlands ist mittlerweile Schauplatz eines Regionalkrimis. Manche Orte, wie beispielsweise Sylt, sind Schauplatz mehrerer Regionalkrimis. „Flammen im Sand" von Gisa Pauly, „Nah am Wasser" von Jörn Ingwersen und „Inselkoller" von Reinhard Pelte sind nur einige Beispiele (Hacke, http://sz-magazin.sueddeutsche.de/texte/anzeigen/38041/Das-Beste-aus-aller-Welt).

Während die Leserzahlen weiterhin für einen großen Erfolg sprechen und die Verlage den Markt mit Regionalkrimis nahezu überschwemmen, gibt es auch Kritiker wie Axel Hacke, der in der Süddeutschen Zeitung in seinem Artikel genau diese Marktschwemme kritisiert (Hacke, http://sz-magazin.sueddeutsche.de/texte/anzeigen/38041/Das-Beste-aus-aller-Welt). Reinhard Jahn prognostizierte bereits im Jahr 2000 ein baldiges

Ende der Regionalkrimis, da einige Autoren sich in der Beschreibung der Lokalitäten nun mehr Freiheiten erlauben und weniger auf die realitätsgetreue Darstellung der Region achten (Jahn, http://krimiblog.blogspot.de/2009/09/was-ist-ein-regionalkrimi-eine-autopsie.html). Doch statt „auszusterben", scheint sich der Regionalkrimi weiterzuentwickeln. Der Autor Oliver Buslau erschloss durch seine besondere Art der Vermarktung neue mediale Dimensionen für den Regionalkrimi. Er arbeitete für seinen 2005 erschienenen Regionalkrimi „Bei Interview Mord" mit dem Radio zusammen. Dort konnten sich Menschen um eine Rolle in seinem Roman bewerben, die dann mit ihrem echten Namen und Beruf in der Geschichte auftraten (Hammelehle/ Lindemann, http://www.welt.-de/print-wams/article131308/Die-deutsche-Krimi-Landschaft.html).

2.2.2 Regionalkrimiverlage und Autoren

Mittlerweile haben sich einige Verlage fast ausschließlich auf die Veröffentlichung von Regionalkrimis spezialisiert, dazu gehören wie bereits erwähnt, der Emons und der Grafit Verlag, die zugleich die ersten und größten Verlage sind, die sich auf Regionalkrimis spezialisiert haben sowie der Gmeiner Verlag.

Aber auch große allgemeine Verlage wie der Piper Verlag oder Suhrkamp bringen mittlerweile eigene Regionalkrimis auf den Markt.

Die am weitesten verbreiteten Regionalkrimis sind die Eifel-Krimis von Jacques Berndorf oder die Kluftinger Krimis von Michael Kobr und Volker Klüpfel.

Jedoch richtige „Krimistars" unter den Autoren haben die Regionalkrimis nicht, wenn wir einmal von Frank Schätzing absehen, der mit dem Schreiben von Regionalkrimis seine Karriere begann.

In die Reihe der vielzähligen Regionalkrimiautoren versucht sich seit 2009 auch der Eichstätter Journalist und Autor Richard Auer einzureihen, der im Oktober 2013 seinen vierten Eichstätt-Krimi veröffentlicht hat. Erschienen sind seine Romane im Kölner Verlag Emons in der Krimireihe „Oberbayern Krimi".

In dieser Reihe erschienen auch Romane von beispielsweise Nicola Förg oder Hannsdieter Loy. 69 verschiedene Krimireihen hat der Emons Verlag zu bieten. Neben Krimis aus den verschiedensten Regionen und Städten Deutschlands kommen mittlerweile auch eigene Auslandskrimis hinzu. Zur Zeit gibt es Krimis aus der Mallorca Reihe, Cote d' Azur, Paris oder von den Kanaren, weitere Länder und Städte sollen folgen.

3. Der Erstlingsroman Vogelwild von Richard Auer

Vogelwild ist der erste Roman des Eichstätter Journalisten Richard Auer. Um einige tendenzielle Fragen zum Roman zu klären, hat die Verfasserin dieser Arbeit ein schriftliches Interview mit dem Autor geführt (siehe Anhang). Die folgenden Aussagen in diesem Kapitel, sowie die ersten Abschnitte in den Unterkapiteln 3.4 und 3.5 stammen aus diesem Interview.

Lange trug sich Auer mit dem Gedanken, einen Roman zu schreiben, sprach sogar zwei Jahre, bevor er mit dem Schreiben seines Romans Vogelwild begann, mit seinen Kollegen über diese Idee: Er wollte sie spaßeshalber animieren, den Roman gemeinsam zu schreiben. Wenig später begann seine Frau Margit Auer mit dem Schreiben von Kinderbüchern. Zeitgleich las Auer den ersten Kluftinger-Krimi (ein Regionalkrimi von Volker Klüpfel, der im Allgäu spielt. Der achte Band aus dieser Reihe ist 2014 im Piper Verlag erschienen) und sah im Bayerischen Fernsehen einem Beitrag über Krimis aus Nördlingen.

In den Autoren, von denen einige auch Journalisten waren, erkannte er sich wieder und dachte sich: *„Das ist mir nicht fremd. Das kann ich auch"* (siehe: 6.1 Interview der Verfasserin mit dem Autor Richard Auer vom 10.04.14, Frage 1).

Auer begann dann mit dem „Plotten" für Vogelwild, merkte aber schnell, dass dies gar nicht so einfach ist und zudem mehr Zeit benötigt, als es ein Vollzeitjob als Redakteur hergibt. Deshalb unterbrach er im Frühjahr 2007 nach etwa 50 Seiten seine Arbeit an dem Roman und setzte seine Arbeit daran im Herbst des gleichen Jahres fort, als er seine Redakteursstelle halbiert hatte und ihm somit mehr Zeit zum Schreiben zur Verfügung stand. Letztlich schrieb Auer Vogelwild, mit Ausnahme der ersten 50 Seiten, vom Spätherbst 2007 bis zum Spätsommer 2008. Anfang Oktober 2008 bot er das Manuskript zehn verschiedenen Verlagen an. Erschienen ist sein Erstlingsroman dann im Frühjahr 2009 im Kölner Emons Verlag.

In dem nun folgenden Abschnitt dieser Arbeit soll dieser Roman analysiert werden. Zunächst soll der Autor Richard Auer vorgestellt werden. Im Anschluss soll aufgezeigt werden, dass der Roman ein Krimi beziehungsweise Regionalkrimi ist. Des weiteren soll der Aufbau des Romans untersucht werden, die Handlung kapitelweise zusammengefasst und die handelnden Personen vorgestellt werden.

3.1 Der Autor

Der Autor des Regionalkrimis Vogelwild, ist Richard Auer. Im Oktober 2013 ist sein mittlerweile vierter Eichstätt-Krimi rund um den ermittelnden Kommissar Mike Morgenstern veröffentlicht worden.

Richard Auer wurde als Richard Rebele am 17.Juni 1965 im bayerischen Dorf Wolferstadt im Landkreis Donau-Ried geboren. 1975 kam er als Schüler an das bischöfliche Knabenseminar in Eichstätt und die Eltern hegten die stille Hoffnung, er könnte vielleicht später einmal Pfarrer werden. 1984 machte Auer schließlich sein Abitur am Willibald-Gymnasium in Eichstätt. Nach seinem Wehrdienst in Neuburg/Donau und seinem ersten journalistischen Praktikum in München kehrte er 1986 zum Studium nach Eichstätt zurück. Auer studierte Diplom-Journalistik mit den Schwerpunkten Regionalberichterstattung, Soziologie und Wirtschaftspolitik.

Nachdem er sich nach Beendigung des Studiums zuerst eine Auszeit nahm und Kanada erkundete, arbeitete er zunächst beim „Treuchtlinger Kurier". Seit 1992 schließlich ist Auer als Redakteur bei dem Eichstätter Kurier, einer Lokalredaktion des Donaukuriers, tätig. 1998 heiratete er Margit Auer, mit der er mittlerweile drei Söhne hat.

Durch seine Frau kam er dann auch zu seinem Nebenberuf als Krimiautor. Um mehr Zeit für seine Familie und das Schreiben der Kriminalromane zu haben, arbeitet Auer seit Herbst 2007 halbtags.

Mit Frau und Kindern verbringt er viel Zeit in den Steinbrüchen hoch über Eichstätt, an der Altmühl, beim Römerkastell in Pfünz, im Freibad oder auf diversen Fussballplätzen (http://www.autorenwerkstatt-auer.de/vita-1/). Auch diese Orte finden dann Eingang in seine Romane und denkbar, wenn auch nicht belegbar, ist es, dass die eine oder andere kleinere Geschichte, die der ermittelnde Kommissar Mike Morgenstern in Auers Romanen mit seiner Familie erlebt, auf wahre Begebenheiten, die in Familien der Region vorgekommen sind, beruhen.

3.2 Was ist ein Regionalkrimi?

Was genau kennzeichnet den vorliegenden Roman als Krimi? Was macht ihn zu einem Regionalkrimi? Ein Mord allein oder wie im vorliegenden Fall zwei Morde sowie zwei ermittelnde Polizisten, wie im Roman Vogelwild, machen noch keinen Krimi aus.

Die beiden Mordfälle, das Aufzeigen der Ermittlungsarbeit und die anschließende Täterergreifung kennzeichnen den Roman Vogelwild zunächst als Krimi.

Als Regionalkrimi offenbart sich Vogelwild dann durch seinen Handlungsort Eichstätt. Dort befinden sich zwar ein Gefängnis, eine Polizeistation, die Bereitschaftspolizei und eine Polizeischule, die Kriminalitätsrate ist jedoch gering und zudem die niedrigste in ganz Bayern (siehe dazu: https://www.polizei.bayern.de/oberbayern_nord/kriminalitaet/statistik/index.html/134612).

Das kleine Barockstädtchen mit seiner Uni, dem Kloster, der Willibaldsburg und den vielen Kirchen inmitten des idyllischen Altmühltals eignet sich auf den ersten Blick wenig als Handlungsort für einen Kriminalfall. Doch genau jene augenscheinliche Idylle bietet den Anreiz dafür, gerade hier einen Mord geschehen zu lassen und um Eichstätt nicht allein als Kulisse dienen zu lassen, sondern auch zu zeigen, dass auch diese Region ihre Eigenheiten und Probleme hat, verbindet man den Mord mit einem regionstypischen Thema.

Im Roman Vogelwild ist dieses Thema der Fossilienhandel. Dazu gehört es natürlich, die Steinbrüche und die Arbeit dort einzufließen zu lassen (ein gutes Beispiel findet sich im Roman im Kapitel 4 ab Seite 25).

Auch nicht unwichtig ist es, dass man die Gegend unmittelbar erfahrbar und nachvollziehbar für den interessierten Leser macht. Das heißt, die Orte und Straßennamen sind real, Gebäude und Lokalitäten sind genauso, wie sie beschrieben werden und die Region und ihre Menschen sind in ihren Eigenheiten und Besonderheiten erkennbar. Ein gutes Beispiel ist der „gelebte Katholizismus" in Eichstätt. Eine Bischofsstadt mit katholischer Universität, mehreren teils pompösen Kirchen und Klöstern – hier wird der katholische Feiertag noch geheiligt, obschon man als Zugezogener, denn davon gibt es in Eichstätt durch die Studenten viele, keine Probleme hat, Eingliederung in die Gemeinschaft zu finden. (Das berichtet die Autorin der vorliegenden Arbeit als ehemalige Studentin in Eichstätt aus eigener Erfahrung).

3.3 Aufbau des Romans Vogelwild

Der Roman Vogelwild hat 251 Seiten, wobei die Erzählung und damit das erste Kapitel auf Seite 5 beginnen. Der Roman ist in 13 Kapitel unterteilt, die sich noch in Absätze untergliedern. Teilweise werden dabei innerhalb der Kapitel deutlichere Absätze hervorgehoben, indem diese mit drei Sternen abgetrennt werden. Insgesamt kommt dies im Buch neun Mal vor, nämlich auf den Seiten 11, 23, 29, 47, 55, 73, 90, 123 und 156.

Die Verteilung der Seiten auf die Kapitel (siehe Abbildung 1 im Anhang) ist sehr unterschiedlich. Das dritte Kapitel ist mit nur drei Seiten das kürzeste. Kapitel Sieben ist das längste Kapitel mit 57 Seiten.

Die ersten drei Kapitel, welche insgesamt 14 Seiten lang sind, dienen als Einleitung beziehungsweise stellen den Protagonisten Mike Morgenstern vor. Des Weiteren werden der Handlungsort, die Stadt Eichstätt, sowie das Polizeipräsidium und durch dessen Mitarbeiter auch die Eichstätter erzkatholische Mentalität dargestellt. Der Leser erhält einen ersten Einblick in Morgensterns Familie und die erste Straftat, eine Graffiti-Schmiererei am Dom, die erst später Bedeutung erlangt, geschieht.

Das vierte Kapitel zeigt eine erste Spitze in der Handlungskurve und ist mit 21 Seiten auch deutlich länger als die drei vorherigen Kapitel zusammen. Neben neuerlichen Einblicken in die Eichstätter Kultur durch die Prozession und in Morgensterns Familie geschieht in diesem Kapitel der erste Mord, der sich regionsspezifisch in einem Steinbruch zugetragen hat.

Im darauffolgenden nur um zwei Seiten kürzeren Kapitel dreht sich alles um den tags zuvor geschehenen Fall. Morgenstern befindet sich im Ingolstädter Präsidium, seine Kollegen dort, sowie der für die weitere Handlung unerhebliche Rechtsmediziner Hagedorn treten in die Geschichte ein. Morgenstern erfährt den Namen des Toten und dessen Chefin, die Besitzerin der Natursteinwerke, wird vorgestellt. Im folgenden Gespräch wird dem Leser Wissen über Fossilien, die Steinbrucharbeit und die Umgebung von Eichstätt vermittelt.

Das sechste Kapitel ist eher als „Füllkapitel" zu betrachten, das Morgenstern und dessen Familie, allen voran Fiona Morgenstern, genauer beleuchten soll, mehr von Eichstätts Umgebung zeigt, jedoch für die Mordgeschichte nur wenig Relevanz besitzt.

Das folgende siebte Kapitel ist mit seinen 57 Seiten nicht nur das längste Kapitel des Krimis, sondern zugleich auch mit den meisten Neuigkeiten und Informationen gefüllt. Etliche neue Charaktere tauchen auf, die alle auf eine gewisse Weise zur Fortentwicklung der Handlung beitragen, Morgenstern bekommt Peter Hecht als Partner zugeteilt, wir bekommen wieder Einblicke in die Eichstätter Umgebung sowie deren Besonderheiten, die Arbeit im Steinbruch, die Kommissare kommen in ihrem Fall deutlich weiter und finden einen ersten Verdächtigen: Ali Akatoblu.

Auch auf dieses lange informationsgeladene Kapitel folgt eine Art „Füllkapitel", welches die Polizeiarbeit und die Beziehung Morgensterns zu seinen beiden Söhnen zeigt sowie erneut Informationen über die Fossilien und insbesondere den Archaeopteryx und, damit verbunden, den Darwinismus, bietet. Erst später in der Handlung erfahren wir als Leser, welche Bedeutung der Archaeopteryx und der Darwinismus tatsächlich für die Taten im Roman haben.

Das neunte Kapitel ist das drittlängste mit 47 Seiten. Nachdem die Kommissare zunächst auf eine falsche Fährte gelockt werden, auf diese Weise aber erneut mehr über den Fossilienhandel im Allgemeinen, aber auch speziell über den illegalen Fossilienhandel des ersten Mordopfers erfahren, erhalten sie den endgültigen Beweis, dass dieser im Besitz eines Archaeopteryx war und diesen mutmaßlich an den Verdächtigen Akatoblu gegeben haben könnte.

Dahinter stehen folgende Fakten: Eichstätt liegt im Altmühltal, eine Region, die zu Urzeiten von Meer bedeckt war. Deshalb findet man dort überall Fossilien. In den Steinbrüchen, ob als Arbeiter oder als Hobbyarchaeologe, ist man dazu verpflichtet, größere Funde zu melden und abzugeben. Wer dies nicht tut und die Fossilien behält oder gar verkauft macht sich strafbar. Nur der Besitzer des jeweiligen Steinbruches ist Eigentümer des Fossils und darf über dessen Verwendung bestimmen.

Bei Akatoblu wurde zwischenzeitlich von zwei Fremden die Wohnung verwüstet und ein zweiter Mord geschieht.

Neben dem längsten Kapitel beinhaltet dieses Kapitel die meisten Neuigkeiten und bringt die Ermittler einerseits voran, was die Ermittlungsarbeit angeht, andererseits kommt nun ein zweiter Mord hinzu, der mit dem ersten zusammenzuhängen scheint, was den Fall komplizierter macht. Das Dorf Mörnsheim, die Landschaftsbeschreibungen, der Hof der Toten, all diese Besonderheiten der Eichstätter Umgebung zeigen erneut, dass es sich bei dem vorliegenden Roman um einen Regionalkrimi handelt.

Mit 49 Seiten ist Kapitel Zehn nicht nur das zweitlängste Kapitel, sondern auch das Wichtigste. Der Verdächtige Ali Akatoblu meldet sich und wir erhalten Einblicke in die Universität. Die beiden Einbrecher, zwei Studenten der Katholischen Universität Eichstätt, die sich gleichzeitig auch als die Graffiti-Sprüher erweisen und für den zweiten Mord verantwortlich sind, werden enttarnt und die beiden Mordfälle zusammengeführt. Der Hintergrund des zweiten Mordes kommt ans Licht. Der Drahtzieher, ein strenger Verfechter der Schöpfungsgeschichte und Gegner der Evolutionstheorie, Professor Joachim Heine, stirbt. Aufgrund seines religiösen Fanatismus hat er den Plan zur Zerstörung des Archaeopteryx, der ja die Evolutionstheorie bestätigen würde, geschmiedet.

Wieder einmal werden den Lesern die nähere Umgebung und deren Besonderheiten aufgezeigt. Die sich windende Geschichte aus falschen Fährten, Familienerlebnissen und katholisch-eichstättischer Pseudoidylle erhält hier ihren vorläufigen Höhepunkt.

Ab diesem Moment flacht die Geschichte ab, was die folgenden kürzeren Kapitel ausdrücken. Doch ist der erste Mord noch nicht geklärt, da die Studenten diesen nicht zugeben.

Während im elften, zwölfseitigen Kapitel die Kommissare Frau Schredl, der Chefin des ersten Mordopfers und Besitzerin eines der Archaeopteryx noch einen Besuch abstatten, klärt sich im vorletzten, nur noch zehnseitigen Kapitel auch der Mord an dem Steinbrucharbeiter auf. Das letzte Kapitel versucht auf eine gewisse Art und Weise die Eichstätter Idylle wiederherzustellen. Die Verbrecher sind im Gefängnis, Ali Akatoblu rehabilitiert und der Fossilienhandel funktioniert nun auf legalem Wege.

Die Frage, die sich aufwirft ist, warum die Kapitel so unterschiedlich lang sind. Sehr viel leserfreundlicher wären etwa gleichlange Kapitel. Zwar sind diese alle mit Absätzen untergliedert, die dem Leser auch Lesepausen erlauben, doch warum ist ein Kapitel nur drei Seiten lang und ein anderes 57 Seiten? Sind die langen Kapitel, beziehungsweise jene Kapitel, die im Schaubild als Spitzen zu erkennen sind, die wichtigen, die Schlüsselkapitel? Dies wären die Kapitel vier, sieben und neun beziehungsweise zehn.

Die genannten Kapitel sind jene, in denen der erste Mord geschieht, das Kapitel, in dem uns die meisten Neuigkeiten zum ersten Mord vermittelt werden, sowie jene in denen der zweite Mord geschieht, der im Anschluss in einem aktionsgeladenen Finale aufgeklärt wird.

Ganz unbeabsichtigt ist der wellenförmige Verlauf der Handlung, die langsam ansteigt, in der Mitte den Höhepunkt hat und zum Schluss wieder abflacht, in Verbindung mit den Unterbrechungen durch die „Füllkapitel" sicherlich nicht, da die Leser des Romans in jenen kurzen Kapiteln für einen Moment „entspannen" können und die Informationen der vorangegangenen langen Kapitel für sich verarbeiten und analysieren können. Zudem ist die übliche Handlungsstruktur eines Kriminalromans (Mord, Fahndung, Aufklärung) gewahrt und lediglich ausgefüllt mit Zusatzinformationen zum Hauptcharakter, der Region, was wiederum typisch für einen Regionalkrimi ist, und dem Fall.

Der Höhepunkt der im Schaubild veranschaulichten Handlungskurve und zweite Handlungsspitze, liegt jedoch nicht etwa bei der Aufklärung des Falles, sondern in dem Teil der Geschichte, in dem der Ermittler die meisten Neuigkeiten erfährt. In jenem Kapitel bekommt er den entscheidenden Hinweis, der zur Ergreifung des ersten Mörders führt und stößt erstmals auf den Drahtzieher des zweiten Mordes. Die erste und dritte Handlungsspitze weisen auf die beiden Kapitel hin, in denen die Morde geschehen, beziehungsweise der zweite Mord aufgeklärt wird. Der zweite Teil der Aufklärung, die Verhaftung des ersten Mörders erfolgt jedoch zu einem Zeitpunkt, in dem die Handlungskurve eigentlich erahnen lässt, dass die Geschichte ihr Ende findet.

Die ersten acht Kapitel geben jeweils aufeinanderfolgende Tage wieder, wobei der Sonntag ausgelassen wird.
Die darauffolgenden drei Kapitel finden an drei aufeinander folgenden Tagen statt. Ob diese nun aber direkt auf die acht vorangegangenen Tage folgen, ist nicht klar. Davon ausgehend, dass dies der Fall ist, erfolgt das Geständnis Brummers, den ersten Mord begangen zu haben, an einem Montag (in der Annahme, dass an einem Samstag bei der Polizei und im Steinbruch nicht gearbeitet wird). Die Handlungsdauer würde also zwei Wochen betragen.

Zwar gibt jedes Kapitel im zeitlichen Verlauf des Romans genau einen Tag wieder, aber wie erklärt sich die extrem unterschiedliche Länge einzelner Kapitel zwischen 57 Seiten und 3 Seiten? Das resultiert daraus, dass jeder Tag eine andere Ereignisfülle besitzt in Hinblick auf relevante Vorkommnisse. Somit wird dem Leser nahegebracht, dass nicht an jedem Arbeitstag eines Polizisten gleichsam etwas Spannendes geschieht.

Das letzte Kapitel setzt sich insofern von dem üblichen zeitlichen Verlaufsmuster ab, als explizit gesagt wird, dass drei Wochen vergangen sind.

3.4 Die Handlung

Bevor auf die eigentliche Handlung des Romans Vogelwild eingegangen und diese kapitelweise zusammengefasst wird, soll die Frage beantwortet werden, wie der Autor Richard Auer im Roman Vogelwild auf das eigentliche Thema der Handlung, den Archaeopteryx, gekommen ist.

Das Hauptthema seines Romans, der Archaeopteryx, stand für Auer von Beginn an
fest, somit war auch klar, dass die Handlung des Romans in und um Eichstätt spielen
würde. Dies bedeutete auch, dass die ermittelnden Kommissare bei der Kriminalpolizei
in Ingolstadt angesiedelt sein mussten. Um sich räumlich nicht zu sehr einzuschränken, lässt Auer einen der beiden Kommissare aus Schrobenhausen stammen, welches
im südlicheren Bereich der Region Ingolstadt liegt und bayernweit für seinen Spargel
bekannt ist.

Durch seinen Beruf als Redakteur beim Eichstätter Kurier kommt Auer direkt in Kontakt
mit interessanten Geschichten. Die Grundlage für seinen ersten Roman bildete der
Ansbacher Archaeopteryx-Prozess Ende der 90er Jahre. In diesem Zivilprozess ging
es um den Vorwurf, dass ein türkischer Steinbrucharbeiter in Eichstätt ein besonders
wertvolles Exemplar des Archaeopteryx unterschlagen hatte, welches schließlich über
einige Umwege im Solnhofener Gemeindemuseum landete.

Als Journalist musste Auer natürlich auch die genaueren Umstände und auch Hinter-
grundinformationen recherchieren, damit hatte er, wie er sagt *„frei Haus auch schon
Vieles, was ich für eine Krimi brauchte"* (siehe: 6.1 Interview der Verfasserin mit dem
Autor Richard Auer vom 10.04.14, Frage 2). Dieses Wissen bereitete Auer dann literarisch auf und um dem Roman mehr Tiefe zu verleihen, brachte er noch Charles Darwin
und die Evolutionstheorie ins Spiel, der der Archaeopteryx ohne Zweifel seine Berühmtheit zu verdanken hat.
Auch der zweite Mord im Roman beruht in seinen Grundzügen auf einem realen Geschehen. Auer mischte dabei den realen Todesfall und das Anwesen, wo er geschah,
das ebenfalls aus einem realen Bezug stammt, mit *„einer ähnlichen Grundsituation, die
es vor Jahren in einem anderen Dorf gab"* (siehe: 6.2 Ergänzung des Interviews vom
05.05.14). Weitere Ideen um die Handlung auszufüllen sammelte er durch tägliche Beobachtungen.

Der Prozess, die Hintergrundrecherchen, die Evolutionstheorie und alltägliche Beobachtungen und Gespräche münden schließlich in diese Handlung, die von einem außenstehenden Erzähler mit Blick auf den Protagonisten Mike Morgenstern erzählt wird:

Es ist Montag vor Fronleichnam und der Kommissar Mike Morgenstern erwischt drei junge Männer beim Besprühen des Eichstätter Doms. Die Männer können flüchten. Doch es kommt noch schlimmer! Am Fronleichnamstag wird im nahegelegenen Steinbruch die Leiche eines türkischen Arbeiters gefunden. Mike Morgenstern und sein Kollege Peter Hecht nehmen die Ermittlung auf, verfolgen etliche Spuren, ein zweiter Mord geschieht und alles deutet darauf hin, dass der Urvogel Archaeopteryx etwas mit den Morden zu tun hat. Dabei erfährt der Leser nicht nur einiges über die Stadt Eichstätt und die Region des Altmühltals, sondern erhält auch Einblicke in die Steinbrucharbeit und den Fossilienhandel.

Dabei bedient sich der Autor eines speziellen Humors, der sich in subtilen Anspielungen und manchmal in beabsichtigten Doppeldeutigkeiten ausprägt, zum Beispiel durch die Wortgefechte Morgensterns mit seiner Frau Fiona, in denen er meist der Verlierer ist. Daher kommt nie Langeweile auf. Auch die unterschiedlichen Charaktere und ihre Handlungsweisen, die teilweise wie karikaturhafte Stereotypen erscheinen und dennoch relativ glaubhaft sind, lockern die Handlung immer wieder auf.

Es folgt eine kapitelweise Zusammenfassung der Handlung:

KAPITEL EINS:

Mike Morgenstern geht nachts betrunken vom Pub in der Eichstätter Altstadt vom Marktplatz Richtung Domplatz, wo er drei junge Burschen dabei erwischt, wie sie den Dom mit Graffitis besprühen. Beim Versuch, sein Handy herauszukramen, entkommen die drei Männer und er verfolgt sie durch die Stadt. Dabei fällt Morgenstern über gelbe Säcke, wobei einer platzt und die Männer entkommen. Aus Frust tritt nach einem zweiten Sack, der auch platzt und geht dann mit Nasenbluten und aufgeschürften Händen nach Hause.

KAPITEL ZWEI:

Morgenstern ist zuhause mit seiner Frau Fiona, mit der er wegen des durch seine Verletzungen blutverschmierten Bettes Ärger hat. Er erzählt seiner Frau, was passiert ist und beschließt dann, zur Eichstätter Polizei zu gehen. Diese ist schon über das Graffiti und auch über die Müllsäcke informiert. Bei der Beschreibung der Männer kann Morgenstern nicht weiterhelfen, erfährt jedoch, dass der Text des Graffitis 1/20 DAR war. Der Polizist Klaus Binder versucht Morgenstern schließlich zu überreden, am Fronleichnamstag an der Prozession teilzunehmen beziehungsweise in der Ehrenformation mitzulaufen, der hat aber eine Radtour mit seiner Familie geplant. Doch dann lässt er sich überreden. Im Anschluss geht Morgenstern zu Hauptkommissar Manfred Huber, der ihn schließlich für den nächsten Tag zur Kostümprobe bestellt.

KAPITEL DREI:

Es ist Mittwoch Nachmittag und Morgenstern ist zum Einkleiden in der Polizeidirektion Eichstätt. Er beschwert sich dabei durchgehend über die antiquierte Uniform, wird aber von Huber ausgebremst.

KAPITEL VIER:

Es ist Fronleichnam und Morgenstern läuft wie vereinbart bei der Prozession mit.
30 Minuten vor Ende der Prozession fällt Morgenstern in Ohnmacht und wacht kurz darauf in einer Pilskneipe auf dem Boden auf.
Nach dem Prozessionsabschluss findet um 12 Uhr ein Treffen in der Katholischen Hochschulgemeinde statt, wo Weißbier und Weißwürste gereicht werden. Dort hört man plötzlich Martinshörner, die sich in Richtung Weißenburg zu bewegen scheinen.
Im Steinbruch in Wintershof wurde ein Toter entdeckt und Morgenstern fährt gemeinsam mit Huber hin.
Morgenstern geht allein in einen Stadl, einen Schuppen, er findet dort Polaroids von Fossilien und versteckt diese. Er wird heimgeschickt, soll aber im Zweifel den Fall übernehmen. Als Morgenstern zuhause ankommt, ist die Familie schon zur Radtour aufgebrochen. Er will Abendessen kochen, welches jedoch dank seiner schlechten Kochkünste ungenießbar ist und somit wird schließlich Pizza bestellt.

KAPITEL FÜNF:

Morgenstern fährt in die Ingolstädter Polizeidirektion zur Arbeit. Aufgrund des Feiertages sind außer seinem Chef Adam Schneidt nur die Kommissare Reigl und Hecht anwesend. Sie sprechen über den Fall und Morgenstern soll überprüfen, ob es sich dabei wirklich um einen Unfall handelt.

Morgenstern sucht daraufhin den Pathologen Hagedorn auf, der von einem Mord ausgeht, da der Tote ein Hämatom am Nacken hat.

Morgenstern gibt diese Information an Schneidt weiter, der jedoch nicht an einen Mord glaubt und die Öffentlichkeit glauben lassen will, es sei ein Unfall gewesen. Währenddessen soll Morgenstern unauffällig ermitteln. Dieser erkundigt sich in der Eichstätter Polizeidirektion nach dem Chef des Toten und erfährt, dass dies Pauline Schredl ist und die Firma ihren Sitz in Solnhofen hat. Morgenstern fährt hin und erfährt dort im Gespräch mit Schredl, dass der Name des Toten Mustafa Önemir ist. Im Laufe dieses Gespräches kommen sie auch auf die Fossilien zu sprechen und es kommt zu einem ersten Gespräch über den Archaeopteryx. Zum Abschluss bekommt Morgenstern zwei Ammoniten geschenkt.

Wieder zuhause angekommen beschließt Morgenstern mit seinen Söhnen mal in den Hobbysteinbruch zu gehen, stößt aber auf wenig Begeisterung. Stattdessen beschließt die Familie, sich am darauffolgenden Samstag bei Bernies Boote Bunker Kanus auszuleihen und eine Bootstour zu unternehmen.

KAPITEL SECHS:

Morgenstern wird von seinen Kindern wegen der Bootfahrt geweckt.
Sie weisen ihn auf den Artikel über den Steinbruch-Toten in der Zeitung hin, in dem jedoch nichts besonderes steht. Über die Sprayer ist gar kein Bericht veröffentlicht worden.
Im Anschluss befindet sich die Familie Morgenstern auf der Kanufahrt. Sie machen Pause in Pfünz, wo sich Morgenstern mit seiner Frau Fiona über seine Versetzung nach Ingolstadt unterhält.
Am späten Abend sitzen Morgenstern und Fiona auf ihrem Balkon und Fiona eröffnet ihrem Mann, dass sie wieder arbeiten will. Morgenstern ist nicht begeistert, aber Fiona bleibt beharrlich und so lässt er sich überreden.

KAPITEL SIEBEN:

Es ist Montag und Morgenstern befindet sich in einer Besprechung im Präsidium. Er bekommt Peter Hecht als Partner zugeteilt, um den Mord zu untersuchen. Morgenstern erzählt von seinem Besuch bei Frau Schredl und berichtet von seinen Erkenntnissen.

Er und Hecht sollen sich im weiteren früheren Lebensumfeld des Opfers Önemir umhören.

Auf dem Weg nach Eichstätt machen sich Morgenstern und Hecht bekannt. Sie fahren zu einem Kebap-Imbiss im Industriegebiet, wo sich Morgenstern, der sonst dort Kunde zu sein scheint, als Kommissar zu erkennen gibt. Der Inhaber Hasan Murgal, der perfektes Deutsch mit Eichstätter Dialekt spricht, glaubt zunächst, der Besuch habe etwas mit dem Laden zu tun, doch Hecht und Morgenstern sprechen ihn auf Önemir an.

Murgal bringt sie zu fünf Männern, die erzählen, dass Önemir viel Geld hatte, welches er auch verlieh. Wer das Geld nicht zurückzahlen konnte, arbeitete für ihn im Steinbruch. Dabei kommt heraus, dass ein gewisser Ali Akatoblu besonders hohe Schulden hatte.

Nachdem die beiden Kommissare Akatoblus Adresse erfahren haben, fahren sie direkt zu dessen Wohnung in der Eichendorffstraße, wo ihnen aber niemand öffnet.

Von der etwa 80-jährigen Nachbarin Akatoblus, Rosa Aurich, erfahren die Kommissare, dass sie ihn zuletzt am Freitagmittag mit einer Sporttasche gesehen hat. Sie bitten sie darum, Aurich anzurufen, wenn Akatoblu wiederkommt und geben ihr Anweisung, diesem nichts von ihrem Besuch zu sagen.

Morgenstern und Hecht überlegen, wo Akatoblu sein könnte und ob sie ihn zur Fahnung ausschreiben sollten.

Bevor die beiden in die Eichstätter Behördenkantine essen gehen, wollen sie zunächst wegen der Fossilien das Juramuseum auf der Willibaldsburg aufsuchen. Morgenstern zeigt Hecht nun auch die Fotos, die er bei Önemir gefunden hatte. Das Museum hat jedoch geschlossen und so gehen sie in der Kantine essen. Morgenstern isst Hähnchen und erkennt dabei plötzlich die Ähnlichkeit der Hähnchenknochen mit einem der Fossilien auf den Fotos.

Die beiden Kommissare erkennen, dass es sich dabei um den Urvogel Archaeopteryx handeln muss, packen die Knochen ein und fahren zurück nach Ingolstadt, wo sie Schneidt über ihre neusten Erkenntnisse aufklären. Sie zeigen auch die Fotos der Fossilien und erzählen von Önemirs Geschäft, dass dieser wohl in illegalen Fossilienhandel verstrickt ist und dass sie gegen Akatoblu ermitteln wollen.

Schneidt schickt sie zunächst nach Wintershof um dort die Leute zu befragen. In Wintershof waren fast alle Leute auf der Prozession. In einem Haus treffen sie einen Mann Ende 60 namens Walter Oldinger an, der an Fronleichnam mit seinem Hund im Steinbruch unterwegs war. Dort trafen sie auf einen Radfahrer, den der Hund ins Bein gebissen hat.

Danach fahren sie zum Forsthaus, wo Professor Joachim Heine, der fanatische Gegner der Evolutionstheorie, lebt. Dieser verwickelt sie in ein Gespräch über die Prozession und die Kirche und weiß angeblich noch nichts vom Steinbruch-Unfall und hat auch mit dem Steinbruch nichts zu tun. Auf der Rückfahrt lästern sie über Heine und reden über den Radfahrer. Zuhause angekommen isst die ganze Familie auf dem Balkon Pizza. Morgenstern erzählt Fiona von seinem Tag und sie berichtet, dass sie Arbeit in Bernies Boote Bunker gefunden hat. Er versucht Argumente dagegen zu finden, gibt jedoch schließlich auf.

KAPITEL ACHT:

Am nächsten Vormittag findet eine Lagebesprechung in Ingolstadt statt. Die bisherigen Ergebnisse werden vorgelegt, eine Pressemeldung wegen des Radfahrers genehmigt und Akatoblu soll gefunden werden.
Morgenstern will an einer öffentlicher Führung im Jura-Museum teilnehmen, die genehmigt wird. Auch seine Söhne dürfen mitkommen.

Am Dienstagnachmittag gehen Morgenstern und seine Söhne zu Fuß zum Museum und nehmen an der Führung teil. Morgenstern fragt die Museumsführerin zum Archaeopteryx aus und notiert sich alles, was sie zu Darwin und der Evolutionstheorie erzählt.
Nach der Führung geht Morgenstern mit seinen Söhnen zu McDonalds. Dort hängt ein Archaeopteryx an der Wand. Bastian und Marius sind begeistert und rekapitulieren, was sie von den Informationen während der Führung behalten haben.

KAPITEL NEUN:

Morgenstern befindet sich im Büro und erhält dort einen Anruf von Fiona. Dort wurde ein anonymer Brief abgegeben, in dem ein Hinweis gegeben wird auf Friedrich Krawinkel aus Ingolstadt. Morgenstern lässt sich den Text diktieren und bittet seine Frau, den Brief vorsichtig wieder einzupacken.

Gemeinsam mit Hecht findet Morgenstern heraus, dass Krawinkel ein reicher Fossiliensammler ist. Sie beschließen, zu ihm nach Hause zu fahren, wo sie ihn auch vorfinden. Sein Haus ist deutlich an einem Ammonit an der Mauer zu erkennen und auch im Haus entdecken die beiden Kommissare überall Fossilien.

Krawinkel weiß, was los ist und fragt direkt nach.

Morgenstern und Hecht fragen ihn, ob er bei dem Toten oder Akatoblu Fossilien gekauft hat, doch Krawinkel gibt Verkäufer und andere Sammler nicht preis. Er erklärt den Ablauf des Fossilienhandels und dass er keine Papiere für seine Fossilien hat, außer für die ausländischen Stücke.

Als das Gespräch auf den Archaeopteryx gelenkt wird, sagt Krawinkel, dass dieser ein Traum eines jeden Sammlers ist, den man sich aber nicht erfüllen sollte und er auch niemanden kennt, der einen kaufen würde. Denn der Fund eines Archaeopteryx, der weltweit bisher nur zehnmal gefunden wurde, grenzt an eine Sensation. Diesen dann illegal zu erwerben, ist selbst einem Sammler zu heikel, zumal er diesen niemals öffentlich zeigen dürfte.

Zugleich gibt er aber auch zu, dass ihm ein Archaeopteryx angeboten wurde und berichtet wie das Treffen mit Önemir ablief, wie dieser arbeitete, dass er das Fossil nicht im Original dort hatte und er lediglich einen Mondfisch und eine Schildkröte kaufte. Önemir erwartete aber noch mehr Kunden.

Morgenstern und Hecht wollen mehr erfahren, doch Krawinkel sagt aus, niemanden gesehen zu haben und gibt auch keine Namen preis.

Als die Kommissare gehen, kommt Krawinkel hinterher und erzählt, dass Akatoblu vom Archaeopteryx wusste, was Morgenstern und Hecht veranlasst, verstärkt nach Akatoblu zu suchen.

Nachdem Morgenstern und Hecht in Kentucky Fried Chicken Hühnchen gegessen haben, rufen sie Rosa Aurich an. Sie erfahren dabei, dass Akatoblu immer noch abwesend ist, sie aber den Schlüssel zu dessen Wohnung besitzt und zwei junge Männer in die Wohnung gelassen hat, die angeblich ein Buch gesucht haben. Als die Kommissare ankommen, finden sie die Wohnung verwüstet vor. Hecht nimmt die Beschreibung der Männer auf. Sie vermuten, dass die Männer den Archaeopteryx gefunden haben und wollen mit der Spurensicherung zurückkommen.

Als sie im Anschluss in der Eichstätter Polizeidirektion Kaffee trinken, hören sie im Polizeifunk, dass in Mörnsheim eine alleinstehende Frau vermisst wird. Die vor Ort anwesenden Polizisten schlagen eine Fensterscheibe ein, sehen sich auf dem Hof um und finden die Leiche der Frau gefesselt in der Jauchegrube.

Die Spurensicherung wird umdirigiert und Morgenstern, Hecht und Huber fahren ebenfalls zum Tatort.

Das Haus wird durchsucht. Die uralte Einrichtung und ein Kalender von Januar 1986 verwundern dabei die Polizisten. Bei der Toten handelte es sich um Carola Messmer, eine etwas wunderlich wirkende Frau, die seit dem Tod ihrer Eltern 1985 allein in dem Haus lebte und außer Katzen keine Freunde hatte.

Schon die Eltern waren etwas seltsam, wenn der Vater mal sprach, dann nur, wenn er betrunken war in der Kneipe. Da erzählte er einmal vom Fund einer wertvollen Versteinerung und es gab das Gerücht, dass es ein Archaeopteryx war.

Der Pfarrer bekam die Versteinerung und gab sie dem Priesterseminar Eichstätt in dessen Fossiliensammlung als Leihgabe. Dort müsste sie noch immer sein, weil sie sich nicht im vom Priesterseminar errichteten Jura-Museum befindet.

In Messmers sehr sporadisch eingerichtetem Schlafzimmer entdecken die Kommissare eine aufgeschlagene Bibel auf dem Nachttisch sowie eine leere Bananenkiste unter dem Bett, die ausgeschlagen ist mit Zeitungen vom April 1986.

Auf Nachfrage im Priesterseminar kommt heraus, dass Messmer den Archaeopteryx im April 1986 abgeholt hat und dass niemand davon wusste außer einigen Personen im Seminar und Museum. Dieser Mord ist also der zweite Mord in Zusammenhang mit dem Archaeopteryx.

Morgenstern ist gegen 18 Uhr daheim, Fiona ist mit den Söhnen noch bei den Booten. Als Ablenkung zur Arbeit hilft er beim Schleppen der Kanus. Fiona macht sich dabei über ihn lustig und erinnert sich wieder an die Sprayer.

Da er in Gedanken versunken ist, fällt Morgenstern ein Paddel ins Wasser. Er springt ins Kanu und schafft es, das Paddel zu fassen, aber fällt dabei selbst ins Wasser. Das Kanu wird später am Wehr herausgefischt.

Am späten Abend zuhause spricht Morgenstern mit seiner Frau über die Fälle. Wem bringt es etwas, zwei Archaeopteryxe zu besitzen, wenn sie unverkäuflich sind? Sie spekulieren darüber, wie die Wahrheit aussehen könnte.

Plötzliches zeigt Morgenstern Interesse an Biologie und Naturkunde und sinniert über die Schwalbe und die Fledermaus und ob die Fledermaus irgendwann ausstirbt wie die Archaeopteryx, weil sie zu speziell ist.

KAPITEL ZEHN:

Am frühen Morgen klingelt das Telefon bei Morgenstern und Akatoblu bittet ihn um Hilfe. Rosa Aurich hat ihm von allen Vorkommnissen berichtet. Er ist in München bei einem Cousin abgetaucht, weil er Angst vor seinen Landsleuten hat, schwört aber, mit dem Tod Önemirs nichts zu tun zu haben. Um ihm vertrauen zu können, verlangt Morgenstern seine Adresse und Telefonnummer. Drei Stunden später treffen sich Morgenstern, Hecht und Akatoblu in Ingolstadt auf der Autobahnraststätte „Köschinger Forst".

Akatoblu erzählt, dass der Archaeopteryx von einem Kollegen aus dem Steinbruch stammte, der ihn Önemir als Mittelsmann gegeben hat. Er hat versucht ihm zu helfen, Käufer zu finden, deshalb hat er ihn zur Sicherheit zu sich nach Hause mitgenommen. Er bittet die Kommissare, die Einbrecher zu finden und seine Landsleute aufzuklären, dass er unschuldig ist.

Auf die Frage hin, ob er eine Ahnung hat, wer die Einbrecher waren, erzählt Akatoblu von Theologiestudenten in der Disco, denen er, als er betrunken war, wohl etwas erzählt hat.

Morgenstern und Hecht fahren nun zur Universität um diese Männer zu finden und wollen Rosa Aurich mitnehmen, damit diese sie identifizieren kann. Hecht erkundigt sich nach Theologievorlesungen und bringt in Erfahrung, dass in einer Stunde eine zentrale Veranstaltung bei Professor Heine stattfindet.

Die Kommissare holen Aurich ab und warten vor dem Hörsaal. Sie soll unauffällig Bescheid geben, wenn sie die Männer sieht.

Als Heine und zwei Studenten die Treppe hochkommen, erkennt Aurich die beiden Männer sofort, schreit aber so laut, dass diese flüchten. Eine Verfolgungsjagd durch den Hofgarten bis hin zum bischöflichen Seminar beginnt, wo die Studenten mithilfe eines Schlüssels durch die Tür flüchten, die sie hinter sich wieder verschließen. Es vergeht viel Zeit bis die Tür endlich geöffnet wird und die beiden sind schon verschwunden.

Die Kommissare gehen also zurück an die Universität zu Heine, schicken Rosa Aurich nach Hause und fragen Heine nach den Studenten. In seinem Büro erfahren sie die Namen der Männer: Markus Däumling und Bernhard Graupner sowie deren Adresse.

Morgenstern und Hecht fahren zuerst in die Wohngemeinschaft der beiden Studenten und wollen danach in Ingolstadt Meldung machen. Auf dem Grundstück entdecken sie an der Rückseite der Garage ein Graffiti „1/20 Darwin is DEAD". Somit sind die Sprayer identifiziert.

Morgenstern erklärt Hecht den Darwinismus, als Lars Maier, der Mitbewohner der beiden verdächtigen Studenten sie entdeckt. Als die Kommissare sich zu erkennen geben, reagiert er ängstlich. Morgenstern blufft und gibt an, ihn als einen der Graffiti-Sprayer erkannt zu haben. Sie gehen in die Wohnung und dabei bemerkt Maier, dass das Auto der beiden Mitbewohner nicht da ist.

Maier gibt zu, dass er nach der Sprayer-Aktion die Nerven verloren hat und aussteigen wollte, seine Mitbewohner ihn beschimpften und er seither nicht mehr viel mit ihnen zu tun hat. Als die Sprache auf den Archaeopteryx kommt, gibt Maier diesem die Schuld und nennt ihn Teufelsding, welches Gottes Schöpfungsplan durcheinander bringt.

Die Initiative ging ursprünglich von Professor Heine aus: Dieser hatte in seinem religiösen Wahn den Plan geschmiedet, den Archaeopteryx zu zerstören, welcher seiner Ansicht nach dem Schöpfungsgedanken widerspricht beziehungsweise die Evolutionstheorie stützt und seines Erachtens ein Werk des Teufels ist, um die Menschen zu verwirren. Um sein Vorhaben zu verwirklichen, hat er drei seiner Studenten instrumentalisiert, die dadurch zu Mördern werden. Als Morgenstern und Hecht jedoch von den Mordfällen sprechen, ist Maier ernsthaft überrascht.

Auf der Anrufliste des Telefons erscheint mehrmals die Nummer von Professor Heine. Er muss, kurz nachdem die Kommissare bei ihm waren, angerufen und die Studenten gewarnt haben. Auf dem Anrufbeantworter findet sich eine Nachricht von Heine, wo er die Studenten zu einem Treffen nach Erkertshofen in einen Steinbruch bittet.

Morgenstern und Hecht rufen in der Eichstätter Polizeidirektion an, um den Weg zu erfahren und eine Streife anzufordern, die ihnen nachfolgt.

Auf dem Weg entdecken sie zufällig das Auto der Studenten bei einem Schotterwerk und leiten die Streife dorthin um. Der Professor und die Studenten sind nirgends zu sehen, deshalb befragen die Kommissare Maier noch einmal eindringlich. Dieser gibt schließlich zu, dass die Archaeopteryxe in einer feierlichen Zeremonie zerstört werden sollen.

Da die Kommissare keine Waffe dabei haben, nehmen sie eine Spielzeugwaffe von Bastian, schleichen sich an und verstecken sich. Als Heine und die Studenten wie in einer Prozession mit den beiden Archaeopteryx auftauchen, erfolgt der Zugriff und alle rennen auf das Förderband zu, zum Schredderturm und die Treppen hinauf. Als Morgenstern die Pistole zeigt, stoppen die Männer, doch Maier verrät, dass es keine echte Pistole ist.

Ein Student stellt sich ihnen in den Weg, Heine und der andere Student rennen mit den beiden Steinplatten, die die Archaeopteryxe enthalten, weiter. Oben angekommen ist die Tür verschlossen und Morgenstern verlangt die Aufgabe. Der Student legt seine Platte ab, während Heine fanatisch bleibt.

Die Kommissare versuchen auch ihn zum Aufgeben zu überreden, auch die dazu gekommenen Polizisten wollen ihn gefangen nehmen, doch Heine springt mit dem Archaeopteryx über das Gitter, lässt sich in die Schotterbrechanlage fallen und wird zermalmt. Nun erst entdeckt Hecht den Not-Aus-Knopf für das Förderband und Morgenstern bricht zusammen.

Das Schotterwerk wird im Anschluss stillgelegt und die drei Studenten in unterschiedlichen Gefängnissen in U-Haft untergebracht. Eine Pressekonferenz wird einberufen, in der der Oberstaatsanwalt die wichtigsten Neuigkeiten mitteilt. Beide Studenten räumen nur den Mord an Messmer ein. Maier wusste von nichts. Bernhard legt ein Geständnis ab, in dem er das Graffiti-Sprühen wie auch den gemeinsamen Mord an Messmer zugibt, die Hauptschuld schreibt er jedoch Markus zu.

Die beiden Kommissare wollen am nächsten Morgen Frau Schredl von ihrem Archaeopteryx berichten, der von Messmer ist durch die Maschine zu Schotter zersplittert.
In der Nacht gibt es ein heftiges Gewitter, Morgenstern liegt beklommen im Bett und grübelt darüber nach, wieso die Studenten auch Önemir ermordet haben sollten, wenn sie doch wussten, dass der Archaeopteryx bei Akatoblu ist.

KAPITEL ELF:

Morgenstern und Hecht fahren zu Schredl, die bereits aus der Zeitung weiß, worum es geht. Als Morgenstern ihr sagt, dass ihr Archaeopteryx unversehrt ist, bricht Schredl in Freudenstürme aus und lässt Josef Brummer holen. Den Archaeopteryx möchte sie meistbietend an einen Scheich verkaufen, um eine neue Maschine zu kaufen.
Brummer kommt hinzu und ist sehr neugierig. Schredl lässt ihn Sekt holen, wobei sie dann auch kurz ins Gespräch über Brummer kommen, der sich sein Bein angeschlagen hat. Schredl versammelt alle Mitarbeiter und auch Hecht und Morgenstern trinken ein Glas mit und bekommen zum Abschied noch jeweils eine Flasche Champagner geschenkt.

Gegen 17 Uhr kommt Morgenstern heim. Marius ist im Schwimmbad in eine Glasscherbe getreten, ist mit verletztem Fuß heimgelaufen und braucht für den nächsten Tag eine Entschuldigung für den Sportunterricht. Zwei Stunden später will Morgenstern mit seiner Frau den Champagner trinken, doch ein Drittel des Inhalts sprudelt heraus.
Die Kinder werden ins Bett geschickt und Fiona und Morgenstern sprechen über den Fall, wobei Fiona ihren Mann schließlich auf die Idee bringt, die Studenten nach Bissspuren am Bein zu untersuchen.

KAPITEL ZWÖLF:

Im Präsidium bekommt Morgenstern die Nachricht, dass keiner der Studenten verletzt ist. Der Radfahrer muss also jemand anderes sein und die Studenten sind mutmaßlich unschuldig am Önemir-Mord. Morgenstern kommt nach einigem Überlegen auf den Gedanken, dass der Täter humpeln könnte und hat einen Geistesblitz. Die Kommissare fahren mit Verstärkung zu Schredl.
Schredl denkt zunächst, der Archaeopteryx würde gebracht werden, doch Morgenstern klärt sie auf, dass sie mit Brummer sprechen müssen, woraufhin sie zu ihm in die Schleiferei gehen. Sie fragen ihn, wo er Fronleichnam war, sprechen ihn auf den Hund an und beim Begutachten seines Beines entdecken sie am Knöchel einen schmutzigen Verband.
Nachdem er zunächst behauptet, sich gestoßen zu haben, legt er schließlich ein Geständnis ab und zeigt die Wunde.

Er erzählt, dass er schon lange wusste, dass Önemir Fossilien verkauft und er ihn oft darauf angesprochen hat. Auch erzählt er, wie es genau zum Mord kam und gesteht, dass er den anonymen Brief an Morgenstern verfasst hat. Er wird abgeführt und zunächst zu einem Arzt gebracht.

KAPITEL DREIZEHN:

Etwa drei Wochen später geht Morgenstern in Richtung Bahnhof, über die Brücke, wo er einige Wochen zuvor die Sprayer gejagt hatte und entdeckt dabei eine Neuerung an Bernies Boote Bunker. Dieser verleiht nun nicht mehr nur Kanus, sondern verkauft auch Fossilien.

Er denkt an dubiose Geschäfte und sagt Fiona wütend die Meinung, während diese ganz euphorisch ist und sich über den großen Umsatz freut.

Als Akatoblu Fossilien bringt, droht Morgenstern ihm, immer noch im Glauben, es handle sich um illegale Geschäfte. Fiona und Ali klären ihn schließlich auf, dass der Handel mit der Firma Schredl abgesprochen ist und Ali nun auch für Frau Schredl arbeitet. Morgenstern verabschiedet sich. Fiona hat ihm alles für die Zubereitung eines Abendessens vorbereitet. Es soll Hähnchen mit Peperoni geben – Archaeopteryx alla diavola.

3.5 Die Personen

Die wesentlichen handelnden Personen standen für Auer schon von Beginn an fest. Während der Schreibarbeit kamen ihm weitere Geschichten zu Ohren, die die personale Ausgestaltung noch ergänzten. Ein Beispiel ist die eigenbrötlerische Bäuerin aus Mörnsheim, die in seinem Krimi schließlich den Tod in der Güllegrube findet. Die Charaktere entwickelte Auer dabei systematisch und nahm sich auch reale Person als Vorbild. Dabei mischt er Eigenschaften mehrerer Personen zu einem neuen Charakter und erfindet noch passende Merkmale hinzu.

In diesem Abschnitt sollen zunächst alle auftretenden Personen im Roman Vogelwild aufgeführt und zu den wichtigsten Personen eine kurze Charakterskizze gemacht werden.

23 verschiedene Charaktere sind im Roman Vogelwild vertreten. Dabei besitzt jeder Charakter auf seine eigene Art und Weise eine Bedeutung für die Fortentwicklung der Geschichte.

Der Hauptcharakter ist Mike Morgenstern. Die wichtigsten Nebencharaktere sind Peter Hecht und Fiona Morgenstern. Ebenfalls wichtig sind der Verdächtige Ali Akatoblu, die erst spät in der Handlung auftauchenden Mörder der Carola Messmer, die drei „Gehilfen" von Joachim Heine, der Drahtzieher des zweiten Mordes ist; außerdem Josef Brummer, ein Mitarbeiter aus der Firma von Pauline Schredl, der Mörder des ersten Toten Mustafa Önemir.

Nur kurz auftauchende Personen, die jedoch wichtig für die Geschichte sind, weil sie wichtige Informationen liefern, sind der Pathologe Hagedorn, der Zeuge Walter Oldinger und der Imbissbudenbesitzer Hasan Murgal, beziehungsweise die fünf Türken, zu denen Murgal Morgenstern und Hecht führt.

Etwas mehr Raum in der Erzählung bekommen Rosa Aurich und der Kriminaldirektor Adam Schneidt, sowie der Hauptkommissar Manfred Huber. Weitere Charaktere sind Morgensterns Söhne Marius und Bastian und der Fossiliensammler Friedrich Krawinkel. Erwähnung finden in der Geschichte auch Klaus Binder und Albert Reigl, die jedoch keine Bedeutung für die Handlung haben.

Mike Morgenstern ist der Protagonist und damit wichtigste Charakter des Romans. Er ist Hauptkommissar und ein durch und durch ehrlicher Mensch, manchmal beinah kindlich, trotzig, der sein Herz am rechten Fleck und oft auch leider auf der Zunge trägt. Er ist 42 Jahre alt, erst vor kurzem von Nürnberg nach Ingolstadt versetzt worden, ist verheiratet mit Fiona Morgenstern und hat zwei Söhne, den neunjährigen Marius und den siebenjährigen Bastian. Neben einer Vorliebe für Cowboystiefel und Fast-Food, einem guten Glas Wein oder dem ein oder anderen Bier, ist er ein eher ungeduldiger, chaotischer Charakter, der des lieben Friedens Willen auch mal zurücksteckt. Zudem ist er in dem erzkatholischen Eichstätt als „Anti-Kirch-Gänger" fast ein Einzelfall. Er ist zwar ein guter Vater, aber was den Haushalt und die Ordnung angeht, verlässt er sich lieber auf seine Frau.

In Kapitel Vier werden all diese Eigenschaften sehr deutlich aufgezeigt. Nachdem Morgenstern gezwungenermaßen bei der Prozession mitlaufen muss, ist er dementsprechend schlecht gelaunt. Weil er keine anderen, dem Anlass entsprechenden Schuhe hat, zieht er bei Hitze gefütterte Stiefel an. Während der Prozession fragt er, wann diese endlich beendet sein wird und nach seinem Zusammenbruch ist er peinlich berührt, als den Anwesenden auffällt, was er für Schuhe trägt.

Nachdem der erste Mord geschehen ist, vergisst er seiner Frau Bescheid zu geben, dass er später nach Hause kommt und als er dort eintrifft, findet er die Wohnung natürlich leer vor, weil er damit die seit langem geplante Radtour verpasst hat. Sein Versuch als Wiedergutmachung seiner Familie ein Essen zuzubereiten endet in einem Fiasko, denn Morgenstern kann nicht kochen, doch Gott sei Dank hat er seine Frau Fiona an seiner Seite, die mit ihm umzugehen weiß.

Fiona Morgenstern hat zwar mit den Mordfällen direkt nichts zu tun, doch bringt sie ihren Mann durch die Gespräche über die Arbeit auf neue Ideen und Ansätze. Sie ist es zum Beispiel, die ihren Mann auf die Idee bringt, die Beine der Studenten nach Bissspuren abzusuchen. Zu Beginn ist Fiona die treusorgende Familienmutter, die sich im Laufe der Handlung zu einer erfolgreich arbeitenden Frau entwickelt, und das nicht zuletzt, weil sie sich gegen ihren Mann durchsetzt.

Peter Hecht ist der Ermittlungspartner Morgensterns und somit als eine Art Watson-Figur zu betrachten. Er ist das genaue Gegenteil zu Morgenstern: Geschieden, alleinstehend, von den Kollegen wegen seines Wohnortes und seiner Statur nur Spargel genannt. Hecht scheint ein Muttersöhnchen zu sein, der mit seinem Leben nicht sonderlich zufrieden ist. Morgenstern scheint ihn jedoch aufzubauen.

Ali Akatoblu ist ab dem siebten Kapitel der Hauptverdächtige für den ersten Mord. Er arbeitete für das Mordopfer Mustafa Önemir und hatte hohe Schulden bei ihm. Zudem wusste er vom Archaeopteryx und ist bei seinen Landsleuten nicht sehr beliebt, weil er einen sehr westlichen Lebensstil pflegt und sich nicht in der türkischen Gemeinde engagiert. Letztlich wird er doch wieder auf den richtigen Weg geleitet und ist zum Abschluss der Geschichte erfolgreich und geläutert.

Rosa Aurich ist die alte Dame, die zur Überführung der Einbrecher bei Ali Akatoblu, die auch die Graffiti-Sprüher und Mörder der Carola Messmer sind, beiträgt.
Eine ältere Frau wie Rosa Aurich findet man in jeder Region Deutschlands. Somit ist sie weniger als eine Eichstätterin zu sehen, sondern vielmehr als eine Identifikationsfi-

gur für die Leser, die in ihr ihre Nachbarin oder vielleicht die Schwiegermutter wiedererkennen. Sie ist der Prototyp einer alleinstehenden alten Dame, geschwätzig, neugierig, leichtgläubig und auch im hohen Alter noch die perfekte Hausfrau, die auf frisch gewaschene Gardinen achtet.

Die beiden Mordopfer Mustafa Önemir und Carola Messmer sind auf ihre Art beide sehr skurril. Doch ohne nun in falsches Rollendenken zu verfallen, ein erfolgreich arbeitender Türke, der in illegale Geschäfte verstrickt ist und eine eigenbrötlerisch lebende Frau sind durchaus reale Charaktere, die in dieser Art in nahezu jeder Region Deutschlands leben könnten. Die Spezifikationen der Charaktere in dieser Handlung sind es jedoch, die sie speziell zu „Eichstätter Bürgern" machen.

Eichstätt lebt von der Steinindustrie, seit vielen Jahren arbeiten ausländische Arbeiter in den Steinbrüchen, weil den Deutschen die Arbeit zu schwer geworden ist. Önemir gehörte der zweiten Generation dieser Arbeiter an und hat sich bereits einen Namen gemacht, kennt sich aus mit Fossilien und engagiert sich auch innerhalb seiner Gemeinde. In Eichstätt und Umgebung leben Menschen unterschiedlichster Herkunft und Religion friedlich nebeneinander. Viele Ausländer, wie zum Beispiel auch der in Vogelwild auftauchende Imbissbudenbesitzer Hasan Murgal sprechen perfekt Deutsch, teilweise mit bayerischem Akzent und sind perfekt integriert.

Eine Frau wie Carola Messmer wird man direkt in der Stadt Eichstätt nicht finden, wo jeder jeden kennt und freundlich begrüßt. Aber in den umliegenden Dörfern ist die Zeit teilweise wirklich stehen geblieben. Diese alten verfallenen Höfe, in denen noch eine alleinstehende Person lebt, das ist selbst heute nichts Außergewöhnliches, wenn auch immer seltener werdend, dass aber eine Familie sich allein von einer kleinen Landwirtschaft und einem eigenen kleinen Steinbruch ernähren kann, ist schon etwas Besonderes. Messmer lebte nach dem Tod ihrer Eltern einige Zeit noch vom Steinbruch, anschließend nur noch von den Pachteinnahmen aus den Feldern. Dass sie einen Archaeopteryx unter ihrem Bett aufbewahrte, ist eine Tatsache, die zu ihrer Ansiedelung in der Region um Eichstätt gehört.

Joachim Heine und die drei Studenten Bernhard Graupner, Lars Maier und Markus Däumling gehören ohne Zweifel zu den ausgefallensten Charakteren der Geschichte. Eine Konstellation wie diese erscheint zunächst absolut irreal. In einer Stadt jedoch, die seit vielen Jahrhunderten Bischofssitz ist, etliche Kirchen, Klöster und die einzige katholische Universität Deutschlands zu bieten hat und trotz Weltoffenheit die katholischen Traditionen noch lebt, erscheint auch ein solcher religiöser Fanatismus nicht ganz unmöglich.

Bayern nimmt in der Bundesrepublik sowieso eine Sonderstellung ein, gilt für viele als konservativ und der katholische Glauben hat in der heutigen Gesellschaft auch oft einen schweren Stand. Da passt ein durchgedrehter Theologieprofessor, Gegner der Evolutionstheorie und strenger Verfechter der Schöpfungsgeschichte, der seine Studenten zu Werkzeugen im Kampf gegen den vermeintlichen Irrglauben macht, sehr gut ins Bild der Kritiker der Katholischen Kirche.

Joachim Heine kann dem Leser ein Mahnmal sein, eine Warnung, wohin religiöser Fanatismus führen kann. Die katholische Stadt Eichstätt bietet sich in dem Fall perfekt dazu an, dies nicht, wie schon so oft in Literatur und Fernsehen, am muslimischen Glauben aufzuzeigen, sondern den Lesern zu zeigen, dass religiöser Fanatismus auch im Christentum möglich ist.

Pauline Schredl, die junge, hübsche Chefin der Schredl GmbH, ließe sich mit Sicherheit auch in einem anderen deutschen Unternehmen finden. Sie ist erst 35 Jahre alt, ihr Vater hat vor ihr das Unternehmen geleitet und dann an sie übergeben. Sie versteht ihre Arbeit und ist eine Karrierefrau von Kopf bis Fuß. Sie liebt Fossilien, aber nicht ihres selbst wegen, sondern wegen des Geldes, das sie der Firma und somit auch ihr einbringen. Ihr erster Gedanke, als sie erfährt, dass ihr Archaeopteryx den Zerstörungsversuch überstanden hat, ist, diesen meistbietend zu verkaufen. Trotzdem ist Frau Schredl nicht unsympathisch, zeigt dem Leser das Bild der modernen Karrierefrau, die zugleich mit Herz ihr Familienunternehmen am Laufen zu halten versucht.

Josef Brummer ist die rechte Hand von Pauline Schredl. Seit seinem vierzehnten Lebensjahr arbeitet der mittlerweile über 50-jährige in der Firma Schredl, wurde bereits von Pauline Schredls Vater gefördert und ist ein wichtiger Ansprechpartner für sie. Er hat mit einigen Krankheiten und Wehwehchen zu kämpfen, steckt aber sein ganzes Herzblut in die Firma. Diese Liebe zu seiner Arbeit und der Firma geht soweit, dass er zum Mörder wird. Er tötet Önemir, weil dieser ihm den Archaeopteryx nicht übergeben will, den illegalen Fossilienhandel nicht unterlassen wird und Brummer dazu noch verhöhnt. Mit dem Schlag eines Brecheisens in den Nacken erlägt Brummer Önemir hinterrücks, was einerseits dafür spricht, dass dieser kein eiskalter Mörder ist, andererseits berichtet Brummer mit einer solchen Reuelosigkeit von der Tat, dass die Vermutung angebracht ist, dass er in einem gewissen Maße aus Angst vor dem Verlust seines Lebens, seines Zuhauses, kurz: „seiner Firma" gehandelt hat, die scheinbar alles zu sein scheint, was er hat.

Kriminaldirektor Adam Schneidt ist Morgensterns direkter Vorgesetzter in Ingolstadt. Er ist ein wenig zu überzeugt von sich selbst, ungeduldig und kritisch, Alleingänge mag er nicht und möchte am liebsten, dass jeder Schritt, der unternommen wird, mit ihm abgesprochen ist. Den Fall möchte er so schnell wie möglich geklärt haben. Die Unterhaltungen zwischen ihm und Morgenstern, besonders gut ersichtlich in Kapitel Sieben ab Seite 90, ähneln einem Ping-Pong-Spiel. Schneidt wirkt ungeduldig, nervös, gereizt und überträgt diese Gefühle auf den Leser. Ein ungeduldiger, drängelnder, gereizter Chef, das ist Jedermanns Alptraum und so fühlt der Leser den Druck, dem Morgenstern und sein Kollege Hecht ausgesetzt sind und setzt Schneidt direkt auf die Liste der unsympathischen Charaktere.

Hauptkommissar Manfred Huber ist der Leiter der Polizeidirektion Eichstätt und im Vergleich zu Schneidt ein angenehmer Charakter, ein typischer gemütlicher Bayer. Er scheint streng katholisch zu sein oder liebt zumindest die Tradition, wie sein auffallender Übermut der Prozession gegenüber erahnen lässt. Denkbar ist auch, dass er in Eichstätt, einer Stadt in der, wie der rückseitige Text auf dem Roman Vogelwild „Ein Graffiti am Portal des Eichstätter Doms (…) als größter anzunehmender Kriminalfall" gilt, auch schlicht unterfordert und gelangweilt ist und sich über jede ernsthaftere Aufgabe freut, die sein Job ihm abverlangt. Andererseits scheint er mit der bisherigen beschaulichen Idylle zufrieden gewesen zu sein, wie eine Aussage Hubers in Kapitel Neun auf Seite 159 vermuten lässt, als er sich gemeinsam mit Morgenstern und Hecht auf dem Weg zum zweiten Tatort befindet: „Ich verstehe das einfach nicht. Jahrelang war es bei uns so ruhig und friedlich, und jetzt ist auf einmal der Teufel los". Huber strahlt die Ruhe und Gelassenheit aus, die auch Eichstätt als Kleinstadt widerspiegelt. Schneidt hingegen, der in der größeren Stadt Ingolstadt arbeitet, steht im Vergleich dazu eher auf der Seite der unruhigen Großstädter.

Friedrich Krawinkel, der Pathologe Hagedorn und der Zeuge Walter Oldinger tauchen nur kurz in der Handlung auf, bieten aber wichtige Informationen.

Krawinkel, der durch den anonymen Brief Brummers zu unrecht in Verdacht gerät, liefert dem Leser wie auch den Kommissaren wichtige Informationen über den Fossilienhandel sowie die Arbeitsweise des ersten Mordopfers, bestätigt, dass dieses zu Lebzeiten einen Archaeopteryx besessen haben muss und bringt auch Ali Akatoblu als Verdächtigen ins Gespräch.

Hagedorn ist derjenige, auf dessen Untersuchung der ersten Leiche hin erst von einem Mord ausgegangen und intensiver ermittelt wird.

Oldinger war zum Tatzeitpunkt des ersten Mordes im Steinbruch und hat den Täter gesehen, der von dessen Hund gebissen wurde. Dank dieses Bisses können die Kommissare letztlich Brummer als Mörder von Önemir überführen.

Zusammenfassend lässt sich sagen, dass ein Großteil der handelnden Charaktere aus Stereotypen besteht, die so oder so ähnlich in nahezu jeder Region Deutschlands zu finden sind. In einer anderen deutschen Region hätte Önemir beispielsweise im Bergbau gearbeitet, Heine und die drei Studenten wären eventuell muslimische Extremisten gewesen, Pauline Schredl hätte kein Steinbruch-Unternehmen, sondern eine Bank geleitet, Krawinkel sammelte keine Fossilien, sondern Bernstein, Carola Messmer hätte keinen Archaeopteryx unter dem Bett gehabt, sondern ein wertvolles Gemälde oder Edelsteine.

Das Ausmaß an typischen oder teilweise klischeehaften Ausprägungen der Personen tritt in den meisten Regionalkrimis ähnlich hervor. Nur heißt eine Person in Bayern beispielsweise Xaver Hinterhuber und an der Nordsee Hein Hansen.

Doch verknüpft man diese Stereotypen mit regionsspezifischen Eigenschaften und Berufen, gibt ihnen regionalen Bezug, indem sie in einem bekannten Dorf oder einer Straße mit ortstypischem Namen oder Milieu wohnen oder mit den ortsspezifischen Problemen zu kämpfen haben, dann spricht dies die Leser an, denn sie erkennen ihnen bekannte Personen wieder und erkennen, dass es diese überall gibt. Mit diesen Mitteln schafft der Autor einen glaubwürdig scheinenden Regionalkrimi.

4. Fazit

Das Ziel dieser Arbeit war es, Richard Auers Roman Vogelwild vorzustellen und daraufhin zu überprüfen, ob es sich hierbei um einen Regionalkrimi handelt und auf welchen Ebenen er dies im Roman umgesetzt hat.

Die Begriffe Kriminalroman und Regionalkrimi wurden zunächst erklärt und eingegrenzt. Dabei wurde ersichtlich, dass eine genaue Definition der Begriffe sehr schwierig ist. Als Beispiel wurden Peter Nusser und Richard Alewyn ausgewählt, die den Kriminalroman jedoch völlig unterschiedlich definieren und untergliedern.

Letztlich wird klar, dass Vogelwild nach den verschiedenen Definitionen in ersten Linie ein Detektivroman ist, weil die Geschichte, die auf die Aufklärung des Falles spezialisiert ist, rückwärts blickend erzählt wird und zudem die klassischen Elemente des Detektivromans nach Nusser (2009) aufweist: das Verbrechen, die Fahndung und die Klärung des Falles.

Einige Fakten, die einen einfachen Krimi zu einem Regionalkrimi machen, sind: Die Region, in der der Krimi spielt, ist nicht nur Zierrat, sondern wird in ihren Besonderheiten, positiven und negativen Aspekten, mit ihren Problematiken gezeigt. Echte Straßennamen, reale Orte und Lokalitäten, regionale Dialekte werden eingebaut.

Um das große Überthema Regionalkrimi abzuschließen, wurde die Entwicklung des deutschen Krimis zum Regionalkrimi angerissen sowie in einem kurzen Abschnitt über Regionalkrimiverlage und die Autoren berichtet.

Im zweiten Teil der Arbeit, dem Hauptteil, wurde zunächst das Augenmerk auf Auers Biografie gelenkt. Er lebt in Eichstätt und arbeitet für die örtliche Presse. Das sind gute Voraussetzungen, um einen Regionalkrimi zu schreiben und erleichtert dem Autor ungemein die Arbeit. Er kennt die Gegend und durch die Arbeit als Redakteur stößt er auf Geschichten, die ihm sonst nicht zur Kenntnis gekommen wären.

Im nächsten Schritt wird geklärt, warum es sich bei Vogelwild um einen Regionalkrimi handelt. Die Morde, die ermittelnden Kommissare, die gezeigte Ermittlungsarbeit und die Aufklärung des Falles weisen den Roman als zunächst als Krimi aus. Das Eichstätter Kolorit und das Hauptthema, der Fossilienhandel beziehungsweise der Archaeopteryx, sind regionsspezifische Merkmale. Darüber hinaus werden real existierende Orte der Region, wie zum Beispiel Wintershof und Mörnsheim, Straßen, wie die Eichendorff-straße und regionale Landstriche aufgegriffen. Die handelnden Personen üben teilweise Berufe, die typisch für die Region sind, aus: Das erste Mordopfer war ein Steinbrucharbeiter, Professor Heine ist Dozent an der Katholischen Universität und Manfred Huber kann als Sinnbild eines bayerischen Gemütsmenschen gelten.

Im Folgenden wurde der Aufbau des Romans erarbeitet. Dabei wurde ersichtlich, dass die Kapitel unterschiedlich lang sind. Während das kürzeste Kapitel gerade einmal drei Seiten hat, ist das längste Kapitel 57 Seiten lang. Eine absichtlich wellenförmige Gestaltung der Handlung in den Kapiteln ist denkbar, doch ist der offensichtliche Grund für die unterschiedlichen Kapitellängen, dass ein Kapitel zwar jeweils einen Tag widerspiegelt, jedoch mit ganz unterschiedlicher Ereignisdichte.

Der allgemeine Verlauf der Handlung ist wellenförmig, wobei die Spitze der Handlung weder den Mord, noch seine Aufklärung beinhaltet. Ein Teil der Aufklärung des Falles findet zum Schluss des Romans statt, in dem jedoch keine Handlungsspitze mehr zu erkennen ist, sondern die Geschichte „langsam ausläuft".

Im darauffolgenden Abschnitt erfolgte eine kapitelweise Zusammenfassung der gesamten Handlung des Romans. Im Rahmen dieser Zusammenfassung stoßen wir immer wieder auf Ortsnamen wie Wintershof oder Pfünz, lokale Örtlichkeiten wie das Jura-Museum auf der Willibaldsburg oder die Universität und die Themen Fossilien und Steinbrucharbeit. Zudem gibt es mehrere deutliche Hinweise auf die Traditionstreue und den katholischen Glauben in Eichstätt.

Erneut wird deutlich, dass wir es bei dem vorliegenden Roman mit einem Regionalkrimi zu tun haben müssen. Die abschließende Betrachtung der wichtigsten handelnden Personen bestätigt diese Annahme erneut. Während Morgenstern und seine Frau keine Eichstätter sind, sondern aus Nürnberg kommen, zeigen andere Personen einen deutlichen regionalen Bezug. Der erste Tote, Mustafa Önemir arbeitete im Steinbruch und handelte illegal mit Fossilien. Pauline Schredl ist Chefin der Natursteinwerke. Friedrich Krawinkel sammelt Fossilien, Hasan Murgal spricht perfekt deutsch mit Eichstätter Dialekt.

Den Grundzügen nach sind alle Charaktere ausgestattet mit regionstypischen Berufen und Angewohnheiten und werden so zu speziellen Vertretern ihrer Region. Die Handlung und die Personen ließen sich nicht einfach in eine andere Region Deutschlands versetzen und das ist es, was Vogelwild zu einem Regionalkrimi macht. Auer gelingt es, die Regionsspezifika nicht zu äußerlichem Schmuck werden zu lassen, sondern sie für die Geschichte tragend und unerlässlich zu machen.

Die Beschäftigung mit dem Thema Regionalkrimi zeigt, dass dieser zu Unrecht oft in die Ecke der Trivialliteratur gestellt wird. Regionalkrimis haben mehr zu bieten als Mord und Totschlag, wie das vorliegende Beispiel gezeigt hat. Sicherlich stehen der Kriminalfall und die Ermittlung des Täters im Mittelpunkt, doch gerade im Hinblick auf Auers Werk, und dies verhält sich bei anderen Regionalkrimis wie jenen von Jacques Berndorf beispielsweise nicht anders, kann ein Regionalkrimi auch als Reiseführer, Stadtplan, regional-geografische Landkarte, sowie als Gesellschaftsstudie fungieren. Im Hinblick darauf wäre es interessant, zu erforschen, ob tatsächlich in allen Regionalkrimis ähnliche oder auch ganz andere Typen, Originale oder Stereotypen wie in Vogelwild anzutreffen sind.

Zudem wäre es eine Überlegung wert, die anderen drei Romane Richard Auers anzuschauen und herauszufinden und zu erarbeiten, ob und wenn ja, inwieweit er sich von Werk zu Werk im Schreiben verändert, gewisse Details oder Charaktere wiederkehren oder auch, wie sich der Protagonist Mike Morgenstern und eventuell auch andere Hauptpersonen wie Peter Hecht oder Fiona Morgenstern, im Laufe der Geschichten entwickeln.

5. Quellenangabe

– Alewyn, Richard: Anatomie des Detektivromans.
URL: http://www.zeit.de/1968/47/anatomie-des-detektivromans (20.06.14)

– Alewyn, Richard: Anatomie des Detektivromans.
URL: http://www.zeit.de/1968/48/anatomie-des-detektivromans (20.06.14)

– Auer, Richard: Vogelwild. Oberbayern Krimi. Emons. 2009

– Brasse, Helmut: Krimis – Faszination Verbrechen.
URL: http://www.planet-wissen.de/kultur_medien/literatur/krimis/ (27.06.14)

– Doyle, Arthur Conan: Sherlock Holmes. Gesammelte Werke. Anaconda Verlag
GmbH, 2012

– Feldmann, Joachim: Görlitz ist noch krimifrei. Jedes deutsche Nest hat seine
Ermittler. Wer will die Regio-Krimis eigentlich noch lesen?
URL: http://www.welt.de/print/die_welt/vermischtes/article12705151/Goerlitz-ist-
noch-krimifrei.html (13.05.14)

– Hacke, Axel: Das Beste aus aller Welt. Im Buchladen stellt Axel Hacke erschüt-
tert fest, dass fast nur noch Regionalkrimis erscheinen. Wohl nur der Beginn
von großen Umwälzungen auf dem Buchmarkt!
URL: http://sz-magazin.sueddeutsche.de/texte/anzeigen/38041/Das-Beste-aus-
aller-Welt (20.06.14)

– Hammelehle, Sebastian/ Lindemann, Thomas: Die deutsche Krimilandschaft.
URL: http://www.welt.de/print-wams/article131308/Die-deutsche-Krimi-
Landschaft.html (26.06.14)

– Interview mit Richard Auer (Siehe Anhang)

- Jahn, Reinhard: Was ist ein Regionalkrimi? Eine Autopsie.
  URL:http://krimiblog.blogspot.de/2009/09/was-ist-ein-regionalkrimi-eine-autopsie.html (26.06.14)

- Klinkner, Tina: Der deutsche Regionalkrimi.
  URL: http://www.media-mania.de/index.php?
  action=artikel&id=51&title=Der_deutsche_Regionalkrimi (09.06.14)

- Collinson, Cuba: Die Kriminalliteratur. Eine Zusammenfassung
  URL: kriminalliteratur.krimischule.de/regiokrimi.html (17.06.14)
  URL: kriminalliteratur.krimischule.de/derdeutschekrimi.html (17.06.14)
  URL: kriminalliteratur.krimischule.de/derdeutschekrimi2.html (17.06.14)

- Mayer-Zach, Ilona: Quo vadis Kriminalliteratur? Dr. Richard Donnenberg, öster-
  reichischer Fachmann für die Literaturgattung Kriminalroman, im Interview über
  Gegenwart und Zukunft des Krimigenres.
  URL:http://suite101.de/article/quo-vadis-kriminalliteratur-a43524#.U67FS3Z-
  4po (27.06.14)

- Nusser, Peter: Der Kriminalroman. 4. aktual. und erw. Auflage. Metzler. Stutt-
  gart. 2009

- Rudolph, Dieter Paul: Eine klitzekleine Geschichte der deutschen Kriminalliteratur.
  URL: http://www.krimi-couch.de/krimis/dprs-krimilabor-eine-klitzekleine-
  geschichte-der-deutschen-kriminalliteratur.html (26.06.14)

- Sarrazin, Manfred: Mord, meine Süsse. Kleine Einführung in den Krimonalro-
  man.
  URL: http://manfredsarrazin.wordpress.com/category/don-manfredo/uber-
  krimis/ (26.06.14)

– Würmann, Carsten: Sternstunden für Mörder. Zur Auseinandersetzung mit der nationalsozialistischen Vergangenheit im Krimnalroman. URL:http://www.literaturkritik.de/public/rezension.php? rez_id=8525&ausgabe=200509

– Internetportal von Richard Auer: www.autorenwerkstatt-auer.de/vita-1/ (23.05.14)

– Litipedia. Die weltweite Enzyklopädie für Autoren, Literatur und Buchmarkt: URL: http://www.litipedia.de/artikel/kriminalroman.htm (20.06.14)

6. Anhang

6.1 Interview der Verfasserin mit dem Autor Richard Auer vom 10.04.2014

1.) Wann sind Sie auf die Idee gekommen, einen Roman zu schreiben?

Die Idee, einen Krimi zu schreiben, trug ich schon länger mit mir. Ich hatte etwa 2005 spaßeshalber auch schon mit einem Kollegen aus der Redaktion darüber gesprochen, wir könnten mal gemeinsam einen Krimi schreiben. Konkret wurde es für mich, als wenig später meine Frau Margit Auer anfing, Kinderbücher zu schreiben, und ich gleichzeitig den ersten Krimi um den Allgäu-Kommissar Kluftinger gelesen hatte und zudem im Bayerischen Fernsehen einen Beitrag über Krimis aus Nördlingen gesehen hatte. Die Autoren, teilweise Journalisten wie ich, waren so wenig literarisch abgehoben und wohl auch im besten Sinne „lokalpatriotisch" veranlagt, dass ich das Gefühl bekam: Das ist mir nicht fremd. Das kann ich auch. Also begann ich aufs Geratewohl mit dem Plotten für „Vogelwild". Und stellte natürlich fest: So einfach ist es dann doch nicht. Vor allem: Man braucht viel Zeit dafür. Mehr Zeit, als der Redakteurs-Vollzeitjob hergibt.

2.) Gab es einen besonderen Anlass oder Grund, der Sie dazu bewogen hat einen Roman, beziehungsweise einen Regionalkrimi im Speziellen zu schreiben?

Siehe oben ... Ich hatte den großen Vorteil, dass ich bereits ein Thema hatte, von dem ich wusste, dass es auf jeden Fall funktionieren würde: einen Kriminalfall rund um den Urvogel Archaeopteryx, das berühmteste und wertvollste Fossil der Welt. Ich hatte Ende der 1990er Jahre für den Eichstätter Kurier einen Zivilprozess vor dem Landgericht Ansbach verfolgt, in dem es um den Vorwurf ging, ein besonders wertvolles Exemplar des Archaeopteryx sei von einem türkischen Steinbrucharbeiter in Eichstätt unterschlagen worden und als Hehlerware letztlich über Umwege nach einigen Jahren im Solnhofener Gemeindemuseum gelandet. Ich arbeitete mich als Journalist in die Materie ein – und hatte damit „frei Haus" auch schon Vieles, was ich für einen Krimi brauchte. Und ich hoffte einfach, dass es Spaß macht, mein journalistisches Wissen auf diese Weise ganz neu aufzubereiten. Das ist dann auch so eingetreten.

3.) Stand für Sie von Beginn an fest, dass Ihr erster Roman ein Eichstätt-Krimi werden soll?

Wegen des Themas „Archaeopteryx" gab es über die Schauplätze von Anfang an keinen Zweifel: Die Geschichte würde größtenteils in Eichstätt und seiner unmittelbaren Umgebung spielen, in den Steinbrüchen, Museen, Steinschleifereien usw. Es war damit auch klar, dass meine Kommissare bei der Kriminalpolizei in Ingolstadt angesiedelt werden sollten. Zugleich war für mich aber auch sicher, dass es nach „Vogelwild" weitergehen sollte. Um mich räumlich nicht von Beginn an zu stark einzuschränken, siedelte ich einen meiner beiden Kommissare, Peter Hecht, bewusst in Schrobenhausen an, also im südlichen Bereich der Region Ingolstadt, um später gegebenenfalls auch dort Fälle zu platzieren (zum Beispiel rund um den Spargel als bayernweit bekanntes Produkt aus dieser Gegend).

4.) Wann haben Sie dann begonnen zu schreiben und wie gingen Sie dabei vor?

Ich habe „Vogelwild" irgendwann im Frühjahr 2007 mit dem Schreiben von „Vogelwild" begonnen, dann allerdings nach 50 Seiten eine Pause eingelegt, nachdem klar war, dass mein Zeitpensum als Vollzeitredakteur für Schreiben nebenher nicht reichte. Das änderte sich im Herbst 2007, nachdem ich meine Redakteursstelle „halbiert" hatte. Ich arbeite seitdem im Wochenwechsel als Redakteur, bin also alle „geraden" Wochen in der Redaktion, in den „ungeraden" Wochen bin ich freier Autor. „Vogelwild" entstand (mit Ausnahme der erwähnten ersten 50 Seiten) von Spätherbst 2007 bis Spätsommer 2008. Die Handlung und das Personal standen in den wesentlichen Zügen zu Beginn bereits fest, allerdings wurde die Handlung im Laufe des Schreibens auch noch deutlich ausgeweitet. Es war also eher ein „Roter Faden", an dem ich entlangschrieb. Immer offen dafür, mich auch selbst von mir überraschen zu lassen. Das macht doch erst den Reiz beim Schreiben aus. Anfang Oktober 2008 bot ich das fertige Manuskript zehn Verlagen an. Erschienen ist das Buch dann im Frühjahr 2009 beim Emons-Verlag in Köln.

5.) Wie haben Sie die Ideen für ihren Roman gesammelt?

Das Kernthema für „Vogelwild" kam vom oben erwähnten Archaeopteryx-Prozess – bei dem das Thema „Charles Darwin" freilich keine Rolle spielte. Für mich war allerdings klar, dass der Archaeopteryx seine weltweite Berühmtheit der Evolutionstheorie zu verdanken hat – und das brachte mit auch auf die Idee, radikale Kreationisten in das (real vorhandene) Schwarz- und Graumarktmilieu der Fossilienschieber eindringen zu lassen und der Geschichte damit Tiefe zu verleihen, die über einen „normalen" Kriminalfall hinausging. In der „akuten" Schreibphase bin ich zudem „wie ein Schwamm" und nehme spannende Geschichten aus meiner Umgebung mit der Brille des Krimi-Autors wahr. Da kann dann spontan manches in den Krimi einfließen – die eigenbrötlerische Bäuerin aus Mörnsheim, die tot in der Güllegrube gefunden wird, ist so ein Fall (die Person, nicht der Mord).

6.) War Ihre Tätigkeit als Redakteur beim Eichstätter Kurier dabei von Vorteil?

Unbedingt! Ohne meine Teilnahme am Ansbacher Archaeopteryx-Prozess und meine Berichterstattung für den Eichstätter Kurier gäbe es „Vogelwild" nicht, und auch die Nachfolgebücher spiegeln allesamt das wider, was ich in meiner täglichen Arbeit als Redakteur erlebe. Ich muss also kaum grundsätzliche Basisrecherche betreiben – meinem Beruf sei Dank.

7.) Wie sind Sie auf die verschiedenen Charaktere gekommen? Gab es reale Vorbilder?

Die Charaktere entwickle ich systematisch – und orientiere mich bei der Konstruktion in der Regel auch an realen Personen. Üblicherweise vermische ich dabei mehrere Personen, die mir in irgendeiner Form typisch erscheinen, zu einer neuen Figur, der ich noch verschiedene Eigenschaften frei hinzuerfinde. Es entstehen dadurch meines Erachtens relativ glaubwürdige Phönotypen.

8.) Sind alle aufgeführten Orte und Lokalitäten real und haben Sie diese selbst besucht?

Unbedingt! Das erwarten die Leser bei einem Regionalkrimi, das macht einen beträchtlichen Teil des Lesespaßes aus. Erfunden sind nur Orte, die etwa als Mordschauplatz besonders heikel wären ... ich kann schlecht eine Leiche in einen real existierenden Vorgarten an einer real existierenden Adresse legen, oder einen Mörder in einem bestimmten Privathaus wohnen lassen. Es ist aber klar, wo – ungefähr – sich die jeweilige Stelle befindet. Bei allem anderen aber gilt: absolute Authentizität! Das kontrollieren die Leser übrigens gezielt nach, und freuen sich dann, wenn alles stimmt. Bei den Orten, vor allem, wenn sie ungewöhnlich sind, hilft mir wieder mein Beruf. Das Schotterwerk beim Finale von „Vogelwild" kenne ich: Ich war als Redakteur bei seiner Eröffnung dabei und bin dabei persönlich die Rampe entlang des Förderbandes hochgelaufen, die auch im Krimi vorkommt. Ob es dann da oben eine Türe gibt oder einen Not-Aus-Knopf, spielt dann allerdings keine Rolle. Ein bisschen schriftstellerische Fantasie und Ausschmückung wird dem Autoren auch von den Lesern zugebilligt. Aber die wesentlichen Dinge müssen stimmen – und auch das Gespür für die Gegend muss passen. Der Leser muss sich ernst genommen fühlen.

9.) Würden Sie ihren Roman Vogelwild selbst als Regionalkrimi bezeichnen?

Ich habe keine Probleme mit dem Begriff „Regionalkrimi", obwohl ich weiß, dass er gelegentlich despektierlich verwendet wird. Zumindest in meinem Fall weiß der Leser, dass da ein Autor schreibt, der sich mit seiner Region identifiziert, sich hier auskennt wie in der sprichwörtlichen „Hosentasche", und dass er die Region nicht nur als Kulisse verwendet, als Potemkinsches Dorf, sondern ganz einfach ernst nimmt.
In diesem Sinne: ein Regionalkrimi. So wie Donna Leon „Regionalkrimis" aus Venedig schreibt ...

10.) Wie stehen Sie im Allgemeinen zu Regionalkrimis und wie beurteilen Sie diese?

Siehe oben ... Ich sehe natürlich, dass es starke Qualitätsunterschiede gibt. Und ich ärgere mich, wenn ein Krimi schlecht und sprachlich holprig geschrieben ist und/oder schlecht lektoriert ist. Ich sehe aber auch, dass die Leser einen riesigen Spaß daran haben, wenn ihre Gegend, ihr nähestes Umfeld, literarisch verarbeitet wird. Ich sehe

meine Krimis auch immer als ein Stück „Heimatkunde", die freilich ganz ohne pädago-
gischen Holzhammer auskommt. Ich habe selbst oft erlebt, dass meine Regionalkrimis
Menschen nach vielen, vielen Jahren wieder zum Belletristik-Lesen gebracht haben.
Aber die Leser sind nicht dumm: Schlechte, uninspiriert geschriebene Krimis haben
nach meiner Einschätzung keinen Erfolg. Sie nutzen Niemandem, schaden aber auch
Keinem.

6.2 Ergänzung des Interviews vom 05.05.2014

Die Straßen gibt es zwar alle, die Hausnummer ist aber so hoch gewählt (67!), dass es
das entsprechende Haus nicht geben kann. Das ist der ganze Trick.

Das Forsthaus in Wintershof gibt's auch nicht. Allerdings gibt es rund um Eichstätt
Forsthäuser in vergleichbarer Einzellage, das ist typisch.

Den Dönerladen im Industriegebiet gibt's nicht.

Zur Figur der Bäuerin habe ich mich von einem realen Todesfall inspirieren lassen –
habe diesen Fall und das Anwesen aber mit einer ganz ähnlichen Grundsituation, die
es vor Jahren in einem anderen Dorf gab, vermischt. Ganz einfach: Man stellt in der
Regel fest, dass gewisse Zusammenhänge typisch sind und sich in fast jeder Gemeinde finden lassen: Alleinstehende Sonderlinge sind so ein Fall.

6.3 Schaubild zur Aufteilung der Seiten

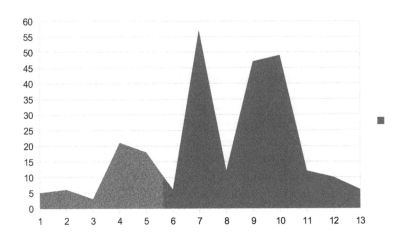

Abbildung 1: X-Achse= Kapitel, Y-Achse= Seiten